AF344227

EDMOND DE GONCOURT

Les actrices du XVIIIᵉ siècle

Madame Saint-Huberty

D'après sa correspondance et ses papiers de famille

Édition définitive

publiée sous la direction de l'Académie Goncourt

<table>
<tr><td>

ERNEST FLAMMARION

ÉDITEUR

26, Rue Racine, 26

</td><td>

EUGÈNE FASQUELLE

ÉDITEUR

11, Rue de Grenelle, 11

</td></tr>
</table>

PARIS

Madame Saint-Huberty

OEUVRES DE E. ET J. DE GONCOURT

DANS LA MÊME ÉDITION

Déjà parus :

EDMOND ET JULES DE GONCOURT

GERMINIE LACERTEUX, roman, avec postface de Gustave Geffroy, de l'*Académie Goncourt*.

SOPHIE ARNOULD, d'après sa correspondance et ses mémoires inédits, avec postface d'Emile Bergerat, de l'*Académie Goncourt*.

SŒUR PHILOMÈNE, roman, avec postface de Lucien Descaves, de l'*Académie Goncourt*.

RENÉE MAUPERIN, roman, avec postface d'Henry Céard, de l'*Académie Goncourt*.

MADAME GERVAISAIS, roman, avec postface de Gustave Geffroy, de l'*Académie Goncourt*.

LA FEMME AU DIX-HUITIÈME SIÈCLE, avec postface de J.-H. Rosny jeune, de l'*Académie Goncourt* (2 vol.)

PORTRAITS INTIMES DU DIX-HUITIÈME SIÈCLE, avec postface de Jean Ajalbert, de l'*Acad. Goncourt* (2 vol.)

EDMOND DE GONCOURT

LA FILLE ÉLISA, roman, avec postface de Jean Ajalbert, de l'*Académie Goncourt*.

CHÉRIE, roman, avec postface de J.-H. Rosny aîné, de l'*Académie Goncourt*.

LA GUIMARD, d'après les registres des Menus-Plaisirs, de la Bibliothèque de l'Opéra, etc., avec postface de J.-H. Rosny jeune, de l'*Académie Goncourt*.

HOKOUSAÏ. *L'Art Japonais au XVIII*ᵉ *siècle*, avec postface de Léon Hennique, de l'*Académie Goncourt*.

LA FAUSTIN, roman, avec postface de Lucien Descaves, de l'*Académie Goncourt*.

LES FRÈRES ZEMGANNO, roman, avec postface de Léon Hennique, de l'*Académie Goncourt*.

OUTAMARO. *Le peintre des maisons vertes. L'art japonais au XVIII*ᵉ *siècle*, avec postface de J.-H. Rosny jeune, de l'*Académie Goncourt*.

MADAME SAINT-HUBERTY, d'après sa correspondance et ses papiers de famille, avec postface d'Henry Céard, de l'*Académie Goncourt*.

Pour paraître prochainement :

EDMOND ET JULES DE GONCOURT

MANETTE SALOMON, roman, avec postface de Lucien Descaves, de l'*Académie Goncourt*.

M.de S.t HUBERTI
De l'Académie Royalle de Musique.

A Paris, chez Jannet Place Maubert vis-à-vis la rue des 5 Portes.

EDMOND DE GONCOURT

LES ACTRICES DU XVIIIe SIÈCLE

Madame Saint-Huberty

*D'après sa correspondance
et ses papiers de famille.*

POSTFACE DE HENRY CÉARD

(de l'Académie Goncourt)

ÉDITION DÉFINITIVE

publiée sous la direction de l'Académie Goncourt.

PARIS

<table>
<tr><td>ERNEST FLAMMARION
ÉDITEUR
26, Rue Racine, 26</td><td>EUGÈNE FASQUELLE
ÉDITEUR
11, Rue de Grenelle, 11</td></tr>
</table>

Il a été tiré de cet ouvrage :
vingt exemplaires sur papier de Hollande,
numérotés de 1 à 20
et cinquante-cinq exemplaires sur papier vélin
des papeteries du Marais,
numérotés de 21 à 75.

PRÉFACE

Avec l'ambition de mettre dans mes biographies — un peu des Mémoires des gens qui n'en ont pas laissé, — j'achetais, il y a une quinzaine d'années, chez le bouquiniste bien connu de l'arcade Colbert, les papiers de la Saint-Huberty. Peu à peu, avec le temps, à ces papiers se joignaient les lettres de la chanteuse, que les hasards des ventes amenaient en ma possession. Enfin, quand le paquet de matériaux autographes et de documents émanant de la femme me paraissait suffisant, je complétais mon étude par la lecture de tous les cartons de l'ancienne Académie royale de musique conservés aux Archives nationales, de ces correspondances de directeurs, que je m'étonne de voir si peu consultées, de ces rapports vous initiant à tous les détails secrets des coulisses, au sens dessus dessous produit à Versailles par l'audition d'un nouvel opéra, — et qui vous montrent Louis XVI avançant le conseil des ministres, pour leur permettre d'assister à la représentation de Didon jouée pour la première fois par la Saint-Huberty.

Edmond de Goncourt.

Auteuil, février 1880.

———————

Madame Saint-Huberty

I

Qui ne se souvient de la création poétique, du fantôme d'amour, habitant un moment, parmi les grandes voix de l'automne sorties des forêts et des marais, la lande aux pierres druidiques, les antiques chênes du Mail, l'étang couvert de nénuphars, la tour de l'Ouest du vieux Combourg?

Qui n'a dans la mémoire les pages délirantes, où dans le romanesque éveil de ses jeunes sens, Chateaubriand se façonne une maîtresse, avec le sourire de l'étrangère involontairement pressée dans ses bras, avec le regard d'un portrait de grande dame du temps de Louis XIV, accroché *au salon du château, avec la beauté de déesse* formulée dans un vers d'Homère, avec le charme *de fille des Rois* donnée par un *chant épique de* l'Inde, avec la volupté de femme se dégageant d'une strophe du Tasse : une maîtresse idéale, née et jaillissante de la poésie universelle, une maîtresse de conte de fée, emportant, roulé dans ses cheveux et ses voiles flottants, l'amoureux adolescent, au-dessus des continents et des océans des deux Mondes?

A quelques années de là, Chateaubriand rencontrait, sur les planches de l'Académie royale de musique, la Saint-Huberty sous le costume d'Armide[1]. En son incarnation d'enchanteresse et de magicienne, la chanteuse lui apparaissait, ainsi qu'une personnification de son rêve, avec quelque chose de plus, écrit-il, et pour ainsi dire, comme la chair et les os de sa vaporeuse « démone ».

La séduction théâtrale de la Saint-Huberty n'avait pas seulement la gloire de rappeler, de faire revivre les premières imaginations d'amour du grand écrivain du XIXe siècle, elle avait encore la fortune, à la suite d'une représentation de DIDON, d'inspirer les seuls vers que peut-être ait jamais rimés, selon une légende presque accréditée, le lieutenant d'artillerie destiné à devenir Napoléon Ier.

> Romains, qui vous vantez d'une illustre origine,
> Voyez d'où dépendait votre empire naissant :
> Didon n'eut pas de charme assez puissant
> Pour arrêter la fuite où son amant s'obstine;
> Mais si l'autre Didon, ornement de ces lieux,
> Eût été reine de Carthage,
> Il eût, pour la servir, abandonné ses dieux,
> Et votre beau pays serait encore sauvage[2].

1. *Mémoires d'outre-tombe*; Paris, 1849, vol. I.
2. *Correspondance littéraire*, vol. XV.

II

La Saint-Huberty, cependant, n'était point
une jolie femme. Elle n'avait ni les beaux yeux,
ni la noblesse svelte de Sophie Arnould. Sa
taille était courte, ramassée, — et le léger aquarellage du portrait en couleur de Le Moine nous
montre, sous la blondasserie de cheveux alsa-
ciens, une grande bouche, un nez de soubrette,
un ensemble de petits traits bas et bourgeois
composant la figure de la reine de l'Opéra.

Dans le grand portrait exposé au Salon
de 1785, où Mᵐᵉ Vallayer Coster peignait la
chanteuse dans son rôle de Didon, le salonnier
des « Mémoires secrets », après avoir dit que
l'esprit de la physionomie de la femme passait
à travers sa laideur, ajoute avec une brutalité
peu galante que la « peintresse » n'a pas su
rendre la métamorphose qui, dans cet opéra, faisait oublier la « figure ignoble » de l'artiste et
la donnait à voir belle et touchante[1].

Cette métamorphose, cette transformation au
théâtre, que quelques actrices obtiennent d'une
façon si merveilleuse, la Saint-Huberty la pous-

1. Mᵐᵉ Lebrun dit dans ses Mémoires : « Mᵐᵉ Saint-Huberty
n'était point jolie, mais son visage était ravissant de physionomie et d'expression. »

sait au delà de l'imaginable, grâce à des travaux incroyables, grâce à des victoires remportées tous les jours sur son ingrate personne, grâce à des acquisitions paraissant impossibles, grâce à une remarquable intelligence, grâce à une connaissance très étendue du théâtre et de tous ses effets, grâce à une étude approfondie des personnages, dont elle rendait pour ainsi dire « d'une manière palpable » les sentiments et les mouvements de l'âme, grâce enfin à ce que son talent tenait de son cœur et de la passion qui habitait en elle. Et elle arrivait à se changer presque physiquement, à donner à sa taille de la noblesse, de l'élégance, de la majesté, à se mouvoir avec des gestes de fierté ou de grâce molle; et elle paraissait séduisante et désirable aux yeux amoureux de la salle.

Quelque chose de cette métamorphose existe dans une estampe qui a pour titre : *la Musique ou M*^{me} *Saint-Huberty inspirée par Apollon*. Dans cette estampe, la Saint-Huberty est représentée comme une personnification de la Musique. Assise sur un tabouret, devant un forte-piano surmonté d'un buffet d'orgue, les pieds nus dans des pantoufles sans quartier, les cheveux non accommodés, un mouchoir négligemment noué autour du cou, le corps dans une de ces blanches et tombantes robes de mousseline, une de ces « robes-chemises » si fort à la mode à la fin du siècle dernier, la chanteuse de l'Opéra et du Concert spirituel promène ses doigts d'ivoire, avec des traits comme fondus et perdus dans une ivresse lyrique qui les transfigure[1].

III

Anne-Antoinette Clavel, connue au théâtre sous le nom de la Saint-Huberty, naissait à Strasbourg, le 15 décembre 1756[2].

Le père d'Antoinette, musicien de son état, pensionné de l'électeur de Bavière, et attaché au théâtre de Strasbourg, commençait l'éducation musicale de sa fille dès sa plus tendre enfance. Trouvant chez l'enfant de merveilleuses dispositions, il lui donnait les leçons d'un maître, où il y avait la tendresse et l'orgueil d'un père. A

---

1. Voir à propos de cette estampe l'iconographie de la chanteuse à la fin du volume.

2. Voici l'acte de naissance annexé au dossier de la Saint-Huberty, que conservent les Archives nationales.

« Extractus ex libro baptismale Parocchiæ ad S^{ctum} Petrum juniorem intra Argentinam. (Page 168.)

« Hodie decimo sexto Decembris, anno millesimo septingentesimo quinquagesimo sexto, a me infrascripto, fuit baptisata Anna-Antonia, filia domini Petri Clavel Raici (sic) et D^æ Claudiæ Antoniæ Pariset, ejus uxoris legitimæ, pridie nata.

« Patrinus fuit : D^{us} Claudius Franciscus Guilleman, in negotiis regiis occupatus, et Matrina : Anna Goyer nata Lebrun, patre presente, qui infra mecum subscripserunt. Signatum : Guilleman ut patrinus, Goyer ut matrina, Pierre Clavel ut pater. »

l'âge de douze ans, la petite virtuose chantait, en s'accompagnant du clavecin, « avec tant de goût et de légèreté qu'elle faisait l'admiration de tous ceux qui l'entendaient ». La renommée de ce talent précoce se répandait, et plusieurs théâtres de la province et de l'étranger faisaient des tentatives pour se l'attacher. Mais son père et sa mère, « chérissant en elle le germe des vertus qu'ils lui avaient inspirées, n'avaient garde de livrer sa jeunesse, dans des villes éloignées, au danger de la séduction de ces hommes aimables et opulents qui se font un jeu des victoires criminelles qu'ils remportent sur l'innocence ». Refusant pour elle plusieurs engagements et, notamment au commencement, de l'année 1774, un engagement pour le théâtre de Bordeaux et un engagement pour le théâtre de Lyon, ses père et mère ne lui avaient permis de s'engager et ne lui permettaient de jouer qu'au théâtre de Strasbourg, où ils continuaient à l'avoir sous les yeux, et où « ils pouvaient la diriger dans les commencements d'une carrière si glissante pour une jeune fille sans expérience[1] ».

1. Supplique d'Antoinette Pariset, veuve du sieur Jean-Pierre Clavel, en son vivant musicien pensionnaire de Strasbourg, appelant comme d'abus du prétendu mariage contracté... entre Claude Croisilles de Saint-Huberty, avec demoiselle Antoinette Clavel sa fille, actrice de l'Académie royale de musique. — Supplique d'Antoinette Clavel, fille mineure, l'une des quatre premières chanteuses de l'Opéra, procédant

Antoinette Clavel était engagée depuis deux ou trois ans au théâtre de Strasbourg, lorsqu'elle rencontrait dans les coulisses, vivant dans l'intimité des acteurs et des actrices, un homme qui s'annonçait comme le directeur général des Menus Plaisirs du roi de Prusse, à la recherche de sujets qu'il voulait engager pour la troupe française de Berlin. Il faisait sonner haut son nom de Saint-Huberty, et se disait apparenté avec les premières familles d'Allemagne. C'était un homme jeune encore, et qui avait couru le monde, un beau-diseur aux paroles dorées, habile à monter une imagination et possédant auprès de la femme le charme et le prestige de l'aventurier. Et il faisait de si belles promesses à Antoinette, montrait à son talent la perspective d'un si brillant avenir, qu'au printemps de 1775, la jeune chanteuse se décidait à quitter furtivement ses parents et à suivre le sieur Croisilles de Saint-Huberty à Berlin. A Berlin, la déception de la jeune fille fut grande. Le directeur des Menus Plaisirs du roi de Prusse n'était

sous l'autorité de M⁰ Potel, procureur en la Cour, son curateur nommé par arrêt de la Cour. — Indépendamment de ces deux pièces manuscrites, je me sers pour le récit des premières années de la Saint-Huberty du procès imprimé en partie composé avec ces deux suppliques, mais contenant cependant quelques détails qui n'y sont pas mentionnés. (Voir *Causes célèbres curieuses et intéressantes de toutes les cours souveraines du royaume avec le jugement qui les ont décidées.* Paris, 1783, vol. 96. Cause CCXCI.)

que le régisseur de la troupe, et il ne pouvait tenir qu'une partie des conditions de l'engagement qui avait décidé la demoiselle Clavel à quitter la maison paternelle.

Antoinette était-elle la maîtresse de Saint-Huberty, ou, comme elle le prétend, n'était-elle que l'artiste séduite et entraînée par les conditions avantageuses d'un engagement? Quoi qu'il en fût, Saint-Huberty avait le désir de devenir le mari de sa maîtresse ou de sa première chanteuse. Le chevalier d'industrie, l'homme de sac et de corde[1], l'espèce de directeur perdu de dettes qu'il était, voyait dans la jeune cantatrice une célébrité future, sur les appointements de laquelle il aurait les droits d'un maître de la communauté, et si par hasard le succès n'était point selon ses prévisions, il lui resterait toujours la ressource de faire casser un mariage

1. Voici ce que le baron Thiébaut dit du mari de la chanteuse dans ses *Souvenirs* : « Un historien, fort mauvais sujet, nommé Saint-Huberty, avait amené de France à Berlin quatre jeunes personnes, qu'il plaça à beaux deniers comptants, l'une chez l'envoyé de Bavière, une seconde chez M. Golze. officier dans les gendarmes et frère de celui qui de était ministre à Paris, et la troisième, Mlle Quinson, chez M. Harris. Quant à la quatrième, qui était la plus laide, mais qui annonçait déjà les talents qui depuis l'ont rendue célèbre, Saint-Huberty en fit sa femme. » Le baron Thiébaut nous dit, à une autre page de son livre, de Saint-Huberty, qu'il excellait à jouer les rôles de valet, et nous le fait voir chez le Prince Henri de Prusse, sous un costume de Savoyard. montrant la lanterne magique, qui était une joyeuse et amusante parodie des faits et gestes de la vie, à Rheinsberg, de l'oncle du prince, invité à cette fête.

contracté à l'étranger sans le consentement des
parents. Aussi, du matin au soir, pressait-il
Antoinette de devenir sa femme, ne la laissant
pas respirer, et toujours revenant à l'objet de
ses désirs, et toujours l'étourdissant des vastes
possessions qu'il était appelé, un jour, à recueil-
lir de la maison de Saint-Huberty : — lui! tout
bonnement le fils d'un négociant de Metz appelé
Croisilles tout court, et qui avait pris la fuite de
la maison paternelle, afin de se livrer tout entier
à son goût pour la vie de théâtre. Au bout de
quatre ou cinq mois de résistance et de tempo-
risation, la jeune femme, lassée de cette lutte
recommençant tous les jours, et sans secours,
et sans appui, et sans soutien dans un pays
étranger, avait la faiblesse de consentir à lui
donner sa main. Et le 10 septembre 1775, le
mariage d'Anne-Antoinette Clavel avec le sieur
Croisilles de Saint-Huberty était célébré dans
la paroisse de Sainte-Hedwige par le chanoine
Elberfed [1].

La nouvelle épouse n'eut pas longtemps à
attendre pour être fixée sur les traitements que
lui réservait son mari. « La troisième nuit de
mon mariage, — c'est la Saint-Huberty qui parle

---

1. Voici, traduit, l'acte de mariage que j'ai fait relever sur
les registres de la paroisse : « Claudius-Philippus Croisilles de
Saint-Huberty, natif de France, régisseur du théâtre français
de S. M. le roi de Prusse, et demoiselle (*jungfrau*, vierge)
Maria-Antonia, native de Strasbourg, comédienne.

dans son mémoire, — fut scellée de la part du
sieur Croisilles par les propos les plus grossiers,
accompagnés d'une paire de soufflets bien con-
ditionnés, parce que la couverture de notre lit
penchait plus de mon côté. » Et à quelques
semaines de là, le sieur de Saint-Huberty quittait furtivement Berlin, en emportant les effets
les plus précieux de sa femme.

Dans l'embarras de sa situation et l'indécision
d'un parti à prendre, Antoinette recevait inopi-
nément une lettre de son mari, lui mandant de
Varsovie qu'il venait de former une troupe qui
avait déjà mérité les applaudissements de la
cour de Pologne, et qu'il n'attendait plus qu'elle
pour faire de cette troupe une troupe tout à fait
digne de représenter devant les Majestés du Nord.
La Saint-Huberty se décidait à aller rejoindre
son mari. Elle arrivait. La troupe n'avait point
encore paru sur la scène... Enfin la première
représentation avait lieu, suivie d'autres représentations qui permettaient au monde lyrique,
recruté par le sieur Saint-Huberty, de vivoter
tant bien que mal.

Enivré par ce demi-succès, le sieur Saint-
Huberty, dont la cervelle était dans l'enfante-
ment de vastes projets, rêve de monter sa troupe
d'occasion sur le pied d'une troupe réglée. Il
part pour Hambourg dans le but de « faire recrue
de sujets idoines ». De retour de Hambourg,

toujours à la poursuite de son idée, il a l'imprudence de se montrer à Berlin. A peine entré dans la ville, il est vu, reconnu, et ses créanciers le font jeter dans les prisons de « Haute-Forte ». La troupe de Varsovie, privée de direction et réduite à un état précaire, est au moment de se dissoudre.

Dans cet intervalle cependant Mme Saint-Huberty débutait dans ZÉMIR ET AZOR. Les applaudissements, le jour du début et les jours suivants, allaient au delà de tout ce que pouvait espérer la jeune femme. La cour de Pologne la comblait de présents, et la fonte des bijoux et des cadeaux d'argenterie lui permettait de réaliser une somme de 12,000 livres, avec laquelle elle brisait les fers de son époux après deux mois de captivité. Revenu de Berlin à Varsovie, le directeur se trouvait bientôt dans l'impossibilité de se maintenir dans la capitale de la Pologne, et une belle nuit, il décampait à l'improviste, laissant derrière lui une meute de créanciers.

Mme de Saint-Huberty, pour mettre sa personne en sûreté et ne pas assumer la responsabilité des dettes de son mari, était obligée de se pourvoir en séparation le 17 mars 1777, ainsi que le témoigne cette pièce :

« Par-devant les notaires et officiers publics de l'ancienne ville de Varsovie, comparant en personne noble dame Antoinette de Clavel, épouse

du noble homme Philippe de Saint-Huberty,
assistée pour le présent acte du conseil de noble
homme Georges Godin, présent et appelé par
elle à cet effet; ladite Antoinette de Clavel, saine
d'esprit et de corps, de son plein gré, librement
et expressément a déclaré et déclare par le présent acte : qu'ayant appris que noble homme
Philippe de Saint-Huberty, son mari, avait
abandonné Varsovie à cause du grand nombre
de dettes dont il était accablé, ignorant même
l'endroit où il s'était retiré, et ne voulant s'obliger en aucune manière pour les dettes de son
mari qu'il a contractées sans qu'elle y ait aucunement participé, elle se sépare de tous les biens
généralement quelconques de son dit mari, sauf
néanmoins les biens qu'elle a acquis et apportés,
et déclare en outre par une déclaration formelle,
la susdite dame de Clavel, qu'elle ne prétend
nullement s'intéresser auxdits biens, et approu-
vant en entier la présente séparation des biens
de son mari, elle a ainsi soussigné de sa propre
main au présent acte. — Antoinette de Clavel,
femme Saint-Huberty, J. Godin, comme assis-
tant[1].

Selon son habitude, le mari de la Saint-

1. Extrait des actes des notaires et officiers publics de l'ancienne ville de Varsovie, Collationné, signé, et scellé et
légalisé par les juges royaux de l'ancienne ville de Varsovie,
le 8 octobre 1777.

Huberty n'avait pas quitté le logis de sa femme les mains vides ; cette dernière fois, il avait emporté et la bourse et les costumes de la cantatrice, qui se serait trouvée, dans le premier moment, sans aucune ressource, et à peu près nue. Heureusement qu'une illustre dame, aussi grande par sa générosité que par sa naissance, la princesse Lubomirska, touchée du triste sort de la jeune femme, la rhabillait, et lui donnait pendant trois mois l'hospitalité dans son palais.

Le sieur Saint-Huberty, lui que rien ne décourageait et qui rebondissait de ses désastres financiers, plus inventif et plus imaginateur de combinaisons grandioses, avait alors choisi la capitale de l'Autriche pour décidément y faire sa fortune. Et le voilà se remettant à écrire à sa femme qu'il a su lui ménager une position honorable à Vienne et la pressant de le rejoindre. La femme était devenue défiante, soupçonneuse, et était encouragée dans son peu d'empressement à se réunir à son mari par la princesse Lubomirska, à qui elle montrait les lettres du sieur Saint-Huberty. Enfin le diable d'homme sut si bien écrire, si bien tourner les choses, si bien mentir, que, malgré les remontrances de la princesse et son opposition à la laisser partir, la cantatrice se mettait en route pour Vienne. La position honorable, l'engagement avantageux n'existaient que dans les lettres du fourbe et du menteur insigne, et Mme de Saint-Huberty était obligée de donner à son mari de l'argent pour qu'il mangeât. Heureusement, presque aussitôt son arrivée, M. de Saint-Huberty était obligé de quitter Vienne à la brune, ainsi qu'il avait quitté Berlin, ainsi qu'il avait quitté Varsovie.

La jeune artiste se trouvait alors sans engagements *et libre de sa personne et de ses volontés* ! Depuis longtemps elle était secrètement attirée vers Paris, « ce centre du goût, des beaux-arts, *ce rendez-vous des voyageurs* ». Cet attrait, joint au retentissement qu'avait dans le moment par toute l'Europe le succès d'ARMIDE, à l'Académie royale de musique, faisait tout à coup la Saint-Huberty désireuse de connaître Paris et Glück.

Aussitôt son arrivée, elle entrait en relations avec le compositeur allemand[1], qui prenait la

---

1. Si l'on en croit une petite brochure, publiée sans lieu ni date, les leçons données par Glück à la Saint-Huberty n'auraient pas été absolument gratuites. « Dans un de ces moments de lubricité auxquels se livrent souvent les plus grands hommes, le célèbre Glück lui reconnut des talents qu'on n'avait même pas soupçonnés et qui l'attachèrent à elle. Il résolut d'en faire une actrice. Ainsi se forma la fameuse Champmeslé par les soins et les conseils de Racine. Cependant on ne doit pas comparer pour la galanterie l'Orphée de l'Allemagne à l'Euripide français. Glück chercha moins à enseigner les sentiments dont il lui enseignoit l'expression qu'à la pénétrer du feu de son génie, et comme il avoit toujours conservé la rusticité des mœurs allemandes, il ne laissoit pas souvent de s'y livrer dans ses leçons. »

« Si la reconnaissance fit supporter à la cantatrice les emportements de son maître, elle n'en conçut pas moins d'aver-

direction de son talent, la faisait engager à
l'Opéra, obtenait pour le sieur Saint-Huberty,
échoué à Paris, à la suite de sa femme, la place
de garde-magasin.

IV

La Saint-Huberty débutait le 23 septembre
1777. Elle débutait le 23 septembre par le rôle
de *Mélisse* dans l'Opéra d'ARMIDE.

Le *Mercure de France* rend compte en ces termes des débuts de la chanteuse : « Elle a une
voix agréable, elle chante et joue avec une
grande finesse. Elle paraît être une excellente
musicienne, il ne lui faut qu'un peu d'habitude
du théâtre pour donner plus de développement
à son organe et plus d'aisance à son jeu. »

V

À son arrivée à Paris, à la fin d'avril 1777, la
Saint-Huberty s'était d'abord logée rue Sainte-
Croix de la Bretonnerie chez une dame Sorel,

sion pour les hommes, qu'elle jugea tous d'après lui et son
féroce époux... Là, l'auteur raconte une anecdote avec une
débutante nommée Voisin qui ne peut être citée. (*Chronique
scandaleuse des théâtres ou Aventures des plus célèbres actrices,
chanteuses, danseuses, figurantes.*)

puis elle avait successivement habité l'hôtel de Genève, l'hôtel de Bayonne, l'hôtel des Treize-Provinces. Dans tous ces logements, elle vivait seule, recevant son mari, mais ne voulant pas se réunir à lui avant qu'elle fût assurée qu'il eût amendé sa conduite. Par son influence et son crédit, nous l'avons déjà dit, elle avait obtenu de la direction de l'Opéra qu'il fût nommé garde-magasin ; mais il s'était si mal acquitté de son emploi qu'on avait été obligé de le remercier[1]. Bientôt les visites du mari à sa femme ne furent plus que les occasions et les prétextes d'exigences intolérables, de mauvais traitements, de soustractions de menus objets. Un jour même, en l'absence de la maîtresse du logis, il dévalisait presque l'appartement, et la cantatrice était dans la nécessité de porter plainte au commissaire.

Voici le texte de cette plainte :

« L'an mil sept cent soixante-dix-huit, le vendredy trente-un juillet, neuf heures de relevée, en l'hôtel, et par-devant nous Joseph Chesnon fils, avocat au parlement, conseiller

---

1. Saint-Huberty se vengeait de cette mise à la porte par le colportage et la lecture de pamphlets contre l'administration de l'Opéra. Dans une lettre du 19 juillet 1779, de Vismes se plaint au ministre d'un écrit composé par Dodé de Jousserand, l'ami et le camarade de Saint-Huberty, qui se fait un plaisir de faire la lecture de ce libelle dans les cafés et même dans quelques maisons particulières, où il est admis.

du Roy, commissaire au Châtelet de Paris, est comparue demoiselle Anne-Antoinette Clavel dite de Saint-Huberty, pensionnaire du Roy à l'Opéra, laquelle nous a dit que le sieur de Saint-Huberty, qui se prétend marié avec elle par un prétendu acte de célébration à Berlin, a abusé depuis près de trois ans de la confiance de la comparante pour s'installer chez elle et y rester malgré elle, s'y rendre le maître et même la maltraiter ; il a cependant plusieurs fois quitté la maison, mais toujours en emportant les bijoux et les effets de la comparante, qu'il mettait en gage et vendait. Il y rentrait violemment, mais les mains vides, et la comparante était dans l'impuissance de réclamer contre de pareilles persécutions, n'ayant pas ses papiers. Enfin, aujourd'hui, pendant qu'elle était à l'Opéra, le sieur Huberty a encore abusé de sa confiance et de son absence, pour emporter les effets, papiers et musique de la comparante, même la musique qui appartient à l'Opéra.

« Elle se trouve dans le plus grand embarras, et le sieur Saint-Huberty a la finesse de lui demander, par une lettre du mercredi vingt-neuf de ce mois, des papiers et effets qu'il a déjà eu la précaution d'emporter. Pourquoi, et pour parvenir à avoir chez elle la paix que le sieur Saint-Huberty en a depuis longtemps éloignée, et pour forcer le sieur Saint-Huberty à lui rendre ses effets, et papiers, et musique, et principalement celle appartenant à l'Opéra, elle est venue nous rendre la présente plainte contre le sieur Saint-Huberty, nous requérant acte que nous lui avons donné et a signé en la minute des présentes. »

Sur un ordre du lieutenant de police, une partie des effets dérobés à la Saint-Huberty lui étaient rendus.

VI

La Saint-Huberty, abandonnant enfin les hôtels garnis, était entrée, le 10 août 1778, dans un petit appartement qu'elle payait 490 francs et qu'elle avait meublé : un appartement rue de l'Arbre-Sec dans la maison du sieur Gourdon, valet de chambre du Roi.

Le 31 août, sur les sept heures du matin, elle sommeillait tranquillement, rêvant peut-être qu'elle était à jamais débarrassée de son époux qu'elle n'avait pas revu depuis le 8 du mois, quand elle était réveillée en sursaut par l'irruption dans sa chambre de quatre hommes, parmi lesquels le sieur de Saint-Huberty lui désignait un individu en habit noir comme un commissaire. Et aussitôt le mari de se jeter sur le lit de sa femme, en criant à ses acolytes :

« *Messieurs, aux poches, aux poches !* » La Saint-Huberty s'emparait de ses poches qu'elle défendait le mieux qu'elle pouvait. Alors les quatre hommes la traînaient toute nue au milieu de la pièce, et là son mari, pendant que l'homme en habit noir lui tenait les bras, la maltraitant de coups, et prenant des ciseaux qu'il avait sur lui, coupait si brutalement les rubans de ses poches, qu'il lui faisait plusieurs égratignures avec la pointe de ses ciseaux[1]. Le

1. Procès-verbal de comparution de demoiselle Antoinette Clavel, femme de Philippe Croisil de Saint-Huberty, bourgeois de Paris, l'an mil sept cent soixante-dix-huit, le lundy trente-un aoust, onze heures du matin, en l'hôtel et par-devant nous Jean-François Michel, avocat au Parlement, conseiller du Roi, commissaire enquêteur, examinateur au Châtelet de Paris. — (*Causes célèbres curieuses et intéressantes...* Paris, 1783, vol. XCV et XCVI.)

Au fond d'après les deux rapports du commissaire de police Chenon, donnés par Émile Campardon dans l'*Académie royale de musique*, ce serait un vrai roman que la plainte de la Saint-Huberty ; et les marques de sévices que constatait à sa demande, dans un procès-verbal que je donne plus loin, le maître en chirurgie Gillet, étaient fort exagérées.

1778 — 31 août.

Le sieur Croisilles de Saint-Huberti requiert un commissaire de se transporter avec lui rue de l'Arbre-Sec, dans la maison où Mme Anne-Antoinette-Clavel, dite Saint-Huberti, s'est retirée en fuyant le domicile conjugal et d'y saisir les objets à lui appartenant qu'on y trouvera. En vertu de ce réquisitoire, le commissaire Chenon et le sieur Croisilles de Saint-Huberti se transportent rue de l'Arbre-Sec et saisissent dans les poches de Mme Saint-Huberti 22 lettres dont il est formé une liasse, laquelle liasse est remise par le commissaire au sieur de Saint-Huberti.

L'an 1778 le lundi 31 août, sept heures du matin, en l'hôtel et par-devant nous, Pierre Chenon... est comparu sieur Charles-Philippe Croisilles de Saint-Huberti, bourgeois de Paris, y demeurant rue des Orties, butte et paroisse Saint-Roch ; lequel

mari enfin, maître des clefs, ouvrait les armoires,
les visitait, les fouillait, en prononçant d'épou-
vantables injures contre sa femme. Là-dessus,
survenait un cinquième personnage, encore
tout de noir vêtu, qui se proclamait le procureur

nous a dit que dame Marie-Antoinette Clavel sa femme, avec
laquelle il est commun en bien, par des conseils a quitté la
demeure commune furtivement et a fait enlever beaucoup
d'effets. Le comparant vient d'apprendre qu'elle s'est réfugiée
rue de l'Arbre-Sec, au premier étage de la maison du graine-
tier. Quoique le comparant ait le droit d'y aller seul et d'y
exercer toute la plénitude de son pouvoir, il croit qu'il est
prudent de nous requérir de l'y accompagner, pour dresser
procès-verbal qui constatera juridiquement la translation de
demeure de la dame son épouse et conséquemment son évasion de chez le comparant, même les meubles et effets qui
garnissent les lieux qu'elle occupe et les papiers qui s'y trou-
veront de quelque espèce et nature qu'ils soient.

Signé : CROISILLES DE SAINT-HUBERTY.

Sur quoi nous, commissaire etc., nous sommes transporté,
avec lui en un appartement ayant vue sur ladite rue de l'Arbre-
Sec dont l'Ouverture nous a été faite par la nommée Dubois,
domestique de la Saint-Huberti, et passé dans la seconde
pièce donnant sur la rue, y avons trouvé ladite dame Saint-
Huberti, couchée dans l'alcôve. Ledit sieur Saint-Huberti s'est
saisi des poches qu'il a arrachées des mains de sa femme
dans lesquelles se sont trouvées 22 lettres dont nous avons
formé une liasse et à la réquisition dudit sieur Saint-Huberti
nous les avons cotées et paraphées, ladite dame de Saint-
Huberti ayant refusé de le faire, de ce sommée, et les avons
remises audit sieur Saint-Huberti Ladite dame de Saint-Huberti
a fait toutes protestations de se pourvoir, dont et du tout
nous avons donné acte et fait le procès-verbal.

Signé : CROISILLES DE SAINT-HUBERTY, CHENON.

(*Archives nationales*, Y, II, 411).

1778 — 3 septembre.

*Mme Antoinette Clavel, dite Saint-Huberti, s'étant plainte des
mauvais procédés du commissaire Chenon, lors de son transport rue de l'Arbre-Sec où elle s'est réfugiée, le sieur Chenon*

du mari. Et tout ce monde, pendant la scène,
riait entre eux, regardant moqueusement la
femme en chemise, personne ne daignant répondre quand elle demandait au prétendu com-

*écrit au lieutenant de police pour lui rendre compte de la
façon dont il a exécuté cette opération.*

Monsieur.

Lundi dernier 34 août, entre 7 et 8 heures du matin, à la
réquisition du sieur Saint-Huberti, je me suis transporté avec
lui, rue de l'Arbre-Sec dans un appartement, que sa femme,
chanteuse à l'Opéra, à loué et où elle s'est retirée depuis son
évasion de chez son mari. L'unique objet de cette opération
étoit de constater le fait de la retraite de sa femme, pour après
se pourvoir comme il aviseroit. Il étoit accompagné de deux
personnes et moi de mon clerc. Nous sommes entrés dans cet
appartement dont l'ouverture nous a été faite par la servante:
nous avons trouvé la femme Saint-Huberti couchée, le mari
s'est aussitôt jeté sur les poches, la femme a voulu les retenir,
ils se sont tiraillés à qui les auroit, elles sont restées au mari
qui me les a remises entre les mains, en me requérant d'en
retirer les papiers. Je n'ai trouvé en papiers que quelques
lettres qui au premier coup d'œil m'ont paru lettres de galanterie. Le mari m'a requis de constater et de les lui remettre.
J'en ai fait une liasse composée de 22 pièces, je les ai paraphées par première et dernière, j'ai requis aussi la femme de
les parapher, ce qu'elle a refusé, je les ai remises au mari, et
j'ai du tout dressé procès-verbal que j'ai terminé par des protestations de la part de la femme de poursuivre.
Je puis vous assurer, Monsieur, qu'il n'y a eu d'autre acte
de violence que les tiraillements réciproques entre le mari et
la femme, de la part de l'un pour avoir les poches, de la
part de l'autre pour les retenir. Il est vrai que dans ce débat
la femme a été attirée hors de son lit, mais il n'y a eu aucun
coup de ciseaux, aucun évanouissement. Il y a eu beaucoup
de cris de la part de la femme. Lorsqu'elle a eu cédé, elle
craignoit que la violence de ses cris n'eût intéressé sa voix.
Elle l'a essayée, en nous régalant de quelques éclats, cadences
et roulemens qui l'ont rassurée sur ses inquiétudes. Elle n'a
pas dit un mot des coups de ciseaux dont est question au
mémoire, elle se plaignoit seulement d'une douleur au petit
doigt de l'une de ses mains qu'elle disoit avoir été fatigué par
la résistance qu'il avoit faite à cacher ses poches. Rien ne
lui a été enlevé de ses poches que les 22 lettres.
(Archives nationales, V, II, 411.)

missaire de lui montrer l'ordre qu'il avait de forcer son domicile et d'en agir ainsi avec elle. Lorsque les cinq hommes eurent vidé les lieux, la chanteuse, avant de regagner son lit, faisait la découverte qu'il lui manquait une paire de boucles de souliers à pierres de la valeur de six louis[1].

La plainte de Mme de Saint-Huberty n'amenait pas de poursuites contre son mari, mais la plaignante, qui menaçait tout haut de demander son congé à l'Opéra « si l'on ne mettait ses jours en sûreté », recevait l'assurance qu'elle n'avait plus à redouter à l'avenir les visites et les entreprises de M. de Saint-Huberty.

1. Les mauvais traitements et sévices exercés par M. de Saint-Huberty sur sa femme étaient l'objet d'un grave procès-verbal rédigé par un régent de la Faculté de médecine : « Nous sousigné, docteur régent de la Faculté de médecine en l'Université de Paris et maître en chirurgie de la même ville, à la requête de dame Antoinette Clavel, de l'Académie royale de musique, femme du sieur Philippe Croisilles de Saint-Huberty, bourgeois de Paris, certifions nous être transporté rue de l'Arbre-Sec, vis-à-vis celle de Bailleul dans la maison de ladite dame que nous avons trouvée dans son lit, se plaignant de violentes douleurs dans la tête, mais sans fièvre, et par l'examen que nous avons fait, nous avons remarqué mouchetures comme faites par pointes de ciseaux ou autres instruments à l'avant-bras droit et deux à la partie inférieure du même bras, une contusion avec gonflement à la tête du bras gauche, deux fortes contusions à la partie inférieure et presque postérieure de la jambe droite, une légère contusion à la partie moyenne du coronal du côté gauche, de plus une difficulté de respirer et une sensibilité douloureuse dans toute la partie antérieure du sternum, suite des tiraillements et de la pression que cette partie a éprouvée et suppression des règles ; pour lesquels accidents nous avons conseillé les remèdes convenables : en foi de quoi nous avons fait le présent procès-verbal pour servir et valoir ce que de raison. A Paris, le 2 septembre 1778, Gillet, maître en chirurgie. »

VII

Cependant, si Mme Saint-Huberty était débarrassée des visites de son mari, elle n'était point encore tout à fait affranchie des ennuis d'argent qu'il était en train de lui susciter et qu'elle ne soupçonnait guère.

La pauvre femme regardait comme une victoire et un gage de sécurité d'avoir arraché de son mari, quelque temps avant la scène de violence passée à son domicile, l'engagement suivant :

« *Je permets, consens et m'oblige envers* Mme de Saint-Huberty mon épouse à lui laisser l'entière liberté de ses appointements, soit à l'Opéra ou tel autre spectacle, *honoraires de concert* ou tels autres émoluments relatifs à ses *talents et ce pour en faire l'usage que bon lui* semblera et fournir à son entretien, et *payer par moitié* avec moi les dépenses de la maison qui *ne sont de vêtements ni de parure*. Elle sera libre en outre de voyager pour donner des concerts et libre aussi de sa conduite dans ma maison, pourvu toutefois que sa conduite soit telle qu'elle a été jusqu'aujourd'hui.. Telle est ma volonté d'accord avec elle, et je donne à ce présent écrit la même force et valeur qu'un acte passé par-devant notaire et sous la garde des lois.

« DE SAINT-HUBERTY.

« Fait à Paris, le 1ᵉʳ juin 1778. »

La Saint-Huberty croyait que cette phrase « l'entière liberté de ses appointements » la préservait à l'avenir de toute revendication du signataire. Elle se trompait. A la requête d'une demoiselle Guérin, qui se prétendait créancière du ménage d'une somme de 489 livres et sur une assignation, laissée le 23 septembre 1778 au domicile du sieur Saint-Huberty, rue des Orties, une opposition était faite par le mari sur les appointements de sa femme, et le 2 octobre intervenait une sentence qui déclarait l'opposition bonne et valable, et que les sommes que les directeurs et caissiers de l'Opéra reconnaîtraient devoir, seraient délivrées au sieur Croisilles jusqu'à concurrence de son dû.

A la suite d'une instance, une nouvelle sentence était rendue le 9 décembre, qui autorisait la demoiselle Guérin, le prête-nom du mari, à poursuivre le recouvrement de sa créance sur les appointements de la Saint-Huberty, échus ou à échoir, et à les faire déposer entre les mains d'un notaire. Le sieur Saint-Huberty ne s'était pas borné là, il avait fait faire de nouvelles oppositions de la part d'autres créanciers.

VIII

La Saint-Huberty, à laquelle n'avait point été remise l'assignation de la demoiselle Guérin, et qui n'avait jamais eu de rapports avec elle[1], n'avait connaissance de cette procédure que par le caissier de l'Opéra. Elle était obligée pour toucher ses appointements de faire casser les sentences des 2 octobre et 9 décembre et de se pourvoir au parlement. Elle faisait faire une expédition du procès-verbal du commissaire Michel et une copie du rapport du chirurgien Gillet, dont l'original était resté entre les mains du ministre Amelot, et elle envoyait à son procureur l'engagement de son mari, accompagné de cette lettre :

« *Monsieur,*

« *Voilà une lettre que je vous envoie de M. Saint-Huberty qui, dans le temps qu'il vouloit toucher mes appointements et que je me plaignois de son trop de dépense, m'a fait cette lettre en présence*

1. Mᵐᵉ Saint-Huberty, dans un billet, fait la déclaration suivante : Mᵐᵉ Saint-Huberty *ne connaît ni la demoiselle Guérin, ni la dette qu'elle répète et pour laquelle elle a fait faire la saisie des meubles de M. de Nesle. Jamais Mᵐᵉ Saint-Huberty n'a reçu d'assignation pour cette créance, qui peut peut-être regarder M. de Saint-Huberty seul.*

de témoins. Et voyez jusqu'où va sa coquinerie ; il me la faisoit dans le mois de juillet et m'a dit qu'il l'avoit exprès antidatée pour pouvoir me donner des torts de plus loin. Comme il dit que mes appointements seront pour mon entretien, le revenu qu'il pourroit demander ne seroit pas bien considérable ; puisque mon état exige que la dépense de mon entretien excède de beaucoup celle de sa nourriture qu'il prétend avoir de moi. D'ailleurs, vous voyez qu'il dit que je paierois avec lui la moitié et que je me trouve forcée de payer la somme totale de la dépense qui se fait chez moi.

« Ainsi j'aurois à réclamer la moitié de la dépense que j'ai faite. Il me dira qu'il n'en jouit pas. Mais a-t-on jamais vu qu'une femme nourrisse un homme ? Avant qu'il ne soit quelque chose, il vivait. Il dit qu'il m'a donné des maîtres et que cela l'a mis en dépense ; j'ai ici dix témoins qui affirmeront que je les avois, avant de le connaître, et quand même, j'avois des appointements qui pouvoient subvenir aux frais de ces mêmes maîtres. Cependant il falloit, pour avoir des appointements, les mériter, et j'en avois. D'ailleurs, monsieur, cette lettre suffit pour que je touche ce qui me revient. Il ne s'agit plus, d'après cela, que de Mlle Guérin qui, sûrement, ne peut s'empêcher de donner main-levée. Encore une chose, c'est qu'en Pologne, j'ai été séparée

*de biens. M. Mascassies a cet acte entre ses mains.
Pour l'attestation du médecin que vous demandez, j'ai donné l'original à M. Amelot. La copie
que j'en ai fait faire est de même que l'original;
si cependant elle ne peut absolument servir, je
l'aurai ou je le ferai signer par le même médecin.*

*« J'ai l'honneur d'être, monsieur, votre très
humble servante.*

« C..., dite de Saint-Huberty.

*« Je vous enverrai lundi matin l'expédition
du commissaire Michel.*

« Ce 30 janvier 1778[1]. »

Le 11 janvier 1778, la Saint-Huberty avait
déjà obtenu un arrêt qui l'autorisait à plaider
sous l'assistance de Mᵉ Potel, à défaut d'autorisation de la part du sieur Groisilles.

Alors commençait un de ces procès d'actrice,
si nombreux au xviiiᵉ siècle, et qui sont, pour
ainsi dire, les archives privées de l'histoire de
ce monde de femmes disparues sans laisser de
biographies; procès que s'arrachent les procu-
reurs et les avocats, un moment échappés à
l'ennui de leurs procédures, et qui s'amusent à

---

1. Lettre autographe signée de la collection de Goncourt.
Je répète dans ce volume que je ne garde pas l'orthographe
fautive des lettres d'actrices.

déposer une rhétorique galante au bas des aventures scandaleuses; procès qui deviennent l'amu-
sement égrillard du public de Paris et de la
province, se disputant les mémoires imprimés et
en faisant fabriquer des copies manuscrites.

M° Potel faisait parler ainsi la Saint-Huberty:
« Si je n'avais à me plaindre que des torts du
sieur Croisilles comme des perfidies d'un amant,
je me condamnerais au silence, et mes remords
me puniraient assez de ma faiblesse ; mais j'ai,
en ce moment, à me défendre de sa tyrannie, à
conserver mon état, à pourvoir à mon existence.
Tant qu'il ne s'est prévalu en particulier que
des prérogatives que je croyais attachées à son
titre d'époux pour m'outrager et me faire essuyer
les sévices les plus cruels, les plus humiliants,
j'ai dévoré ma peine, j'ai étouffé mes sanglots
dans le sein domestique. Mais, puisqu'il vient
d'adopter un nouveau genre de persécution, en
me traduisant devant les tribunaux publics, puisqu'il s'est fait à lui-même l'illusion de croire
qu'à l'ombre de son nom de mari, il pourrait se
faire autoriser à s'emparer de mes appointements, ma seule et unique ressource, et qu'il
pourrait, en maître souverain, en disposer en
faveurs de ses créanciers, j'invoquerai les lois
et les mêmes tribunaux... »

Puis, après avoir raconté toute la lamentable
histoire des trois années de mariage de la chan-

teuse, Me Potel abordait ensuite les privilèges des sujets de l'Académie royale de musique, de cette Académie dont le Roy, en ses lettres patentes enregistrées le 12 août 1769, disait : « qu'elle n'était pas moins agréable aux étrangers qu'à la nation elle-même et que sa magnificence contribuait à l'embellissement de la capitale ». Me Potel réclamait en faveur de Saint-Huberty cette immunité établie en faveur de tous les gens de l'un et de l'autre sexe qui y sont engagés, de n'avoir pas besoin, en cas de minorité, du consentement de leur père, mère, tuteur, de n'avoir pas besoin, en cas de mariage pour les femmes, du consentement de leurs maris, et de pouvoir, les uns et les autres, toucher leurs appointements et en donner quittances sans autorisation quelconque. Et il appuyait sur l'intention du législateur dont la pensée avait été de régler les choses en sorte que les appointements des sujets de l'Opéra servissent à leur subsistance particulière, et qu'il y eût impossibilité de les leur enlever, sous quelque prétexte que ce fût... Il démontrait ensuite que toute cette procédure était l'ouvrage du sieur Croisilles, qui voulait s'approprier les appointements de sa femme. Il ajoutait que ledit sieur avait d'autant plus mauvaise grâce à invoquer les titres de mari et de maître de la communauté, qu'il s'en était rendu indigne par sa conduite, ainsi que le témoignaient les pièces produites par sa femme.

Il concluait enfin au nom de Mme Saint-Huberty dans ces termes : « Je demande que les sentences des 2 octobre et 9 décembre soient déclarées nulles et de nul effet, et que main-levée pure et simple soit faite des oppositions formées entre les mains des sieurs directeur et caissier de l'Opéra et de l'Académie royale de musique, tant à la requête de Mlle Guérin qu'à celle du sieur Saint-Huberty et de tous autres qui n'auraient aucune reconnaissance directe de moi ; en conséquence, que les sieurs directeur, caissier et tous autres dépositaires soient tenus de payer et de vuider leurs mains dans les miennes, nonobstant toutes oppositions faites ou à faire à la requête de demoiselle Guérin et du sieur Saint-Huberty. »

Le 19 mars 1779, jour indiqué par le parlement pour la cause, le défenseur de Mme Saint-Huberty, Me Mascassies, en un de ces plaidoyers qu'a immortalisés Racine dans les « Plaideurs », prenait la parole. Il faisait l'histoire du théâtre à l'origine, indiquait l'influence de la chute de Constantinople sur les mystères, s'étendait sur les opéras de Lulli, de Rameau : après quoi il examinait si la demoiselle Guérin était réellement créancière de la demoiselle Clavel ; puis, enfin, il arrivait au mari, contre lequel l'éloquent défenseur s'exprimait ainsi : « Non, sans doute, sous telle forme que le sieur Croisilles se travestisse dans cette cause, soit qu'il paraisse tantôt plaidant contre la demoiselle Guérin, tantôt employant le nom de sa créancière, vraie ou factice, pour porter des coups à sa femme, soit enfin qu'il se métamorphose en maître de la communauté d'entre lui et sa femme, aucun de ces moyens ne peut réussir. »

Et telle était l'éloquence de M⁰ Mascassies, l'habileté des moyens de droit et de fait présentés par le procureur Potel, la justice de la réclamation de la plaignante que, sur les conclusions de M⁰ Séguer, avocat général, la sentence du Châtelet était infirmée ; il était donné main-levée à la demoiselle Clavel des saisies et oppositions faites entre *les mains des* directeur et caissier de l'Opéra, qui étaient autorisés à lui payer ce qui lui était dû. Le sieur Croisilles et la demoiselle Guérin étaient condamnés aux dépens.

En vertu de cet arrêt, la Saint-Huberty réclamait, par commandement, le 1ᵉʳ juillet 1779, du sieur Devismes, entrepreneur et concessionnaire du privilège de l'Opéra, la somme de 600 livres pour les mois de novembre et de décembre 1778, février et mars 1779, qui lui étaient dus sur ses appointements. Devismes, qui avait l'habitude journalière des exploits, ne payait pas. Commandement itératif lui était fait le 12 juillet, et au moment où on allait procéder à la saisie-exécution, l'entrepreneur de l'Opéra se montrait, déclarant à l'huissier qu'il avait entre les mains de nouvelles oppositions sur Mme de Saint-Huberty[1], que d'ailleurs les meubles et effets qui garnissaient l'appartement par lui occupé appartenaient au Roi, que conséquemment ils ne pouvaient être saisis. Et l'huissier était obligé de se retirer, en déclarant que Me Potel allait se pourvoir par-devant nos dits seigneurs du parlement, pour être autorisé à faire les ouvertures dans la manière accoutumée.

IX

En dépit des assurances rassurantes du lieutenant de police, en dépit du gain de ce procès,

1. La Saint-Huberty demeure encore un certain nombre d'années dans un état nécessiteux et assez voisin de la misère. En 1780, elle est poursuvie par une marchande de modes de la rue Bourtibourg pour une note de 240 francs, par une apothicaire de la grande rue du Faubourg-Saint-Antoine pour une somme de 50 francs, etc., etc. Et au mois d'octobre de la même année, elle est obligée de proposer à ses créanciers, par l'entremise de son procureur, de leur abandonner 1,500 francs à compter de Pâques prochain disant *qu'elle ne peut rien faire de plus, qu'elle ne sera dans ses meubles que lorsqu'ils auront promis de la laisser tranquille.* Elle ajoute que, s'ils ne veulent pas s'accorder à cela, il leur fasse entrevoir : « *que n'aimant pas être tourmentée, elle pourra les faire attendre plus longtemps en allant dans les pays étrangers* ». (Collection d'autographes de A.-J. Doucet.)

là Saint-Huberty demeurait toujours la femme du sieur Croisilles. Elle avait, en mille circonstances, toujours à craindre l'immixtion dans ses affaires du chevalier d'industrie. Voulant reconquérir son indépendance et rompre à tout jamais tout rapport avec son mari, six mois après l'arrêt du 19 mars 1779, elle faisait introduire par sa mère devenue veuve, une demande en nullité de mariage.

Les quatre moyens invoqués devant la grande chambre du parlement, le 18 décembre 1780, par la dame Pariset, veuve du sieur Jean-Pierre Clavel, appelante comme d'abus du prétendu mariage contracté le 18 septembre 1775, étaient :

1. Le défaut de publications de bans dans la paroisse des père et mère, tuteur et curateur, dont l'ordonnance de Blois faisait une loi rigoureuse pour les mineurs et les mineures.

2. Le défaut de présence du propre curé de la contractante, présence qui, conformément à l'ancienne discipline de l'Église et du Concile de Trente, avait été toujours regardée comme « étant de l'essence du sacrement et de nécessité ».

3. Le défaut du consentement des père et mère.

4. Le rapt et la séduction, qui sans l'emploi de la violence, mais seulement par « mauvaises voyes et mauvais artifices » étaient considérés comme un empêchement dirimant à la validité d'un mariage.

Et la requête concluait à ce que ledit mariage entre ladite Antoinette Clavel et ledit Claude Croisilles, soi-disant Saint-Huberty, et l'acte de célébration d'ycelui, et tout ce qui a précédé et suivi fût déclaré nul et de nul effet, et à ce qu'il fût fait défenses audit Claude Croisilles et à la demoiselle Antoinette Clavel de ne plus, à l'avenir, habiter ensemble, comme aussi défenses audit sieur Croisilles dit Saint-Huberty de se dire et qualifier mari de la demoiselle Clavel, et à ladite demoiselle Clavel de se dire et qualifier femme dudit sieur Croisilles...

Le sieur Croisilles père, par une assignation remontant au 18 décembre 1779, avait donné les mains à cette demande en nullité. Le mari lui-même s'en rapportait à la prudence de la cour. Il n'était point né d'enfants du mariage attaqué. Dans ces conditions, le 30 janvier 1781, sur les conclusions, de Mᵉ Joly de Fleury, un arrêt était rendu, par lequel il était dit qu'il y avait abus dans le mariage, et il était fait défense au sieur Croisilles[1] et à la demoiselle Clavel de *se hanter et de se fréquenter*.

---

1. Quelle fut la fin de l'aventurier Croisilles? Selon la « Chronique scandaleuse des théâtres », ayant déjà donné Glück pour amant à la chanteuse, le ministre Amelot, « qui gouvernait alors en Sultan le tripot royal, et qui avait jeté le mouchoir à la Saint-Huberty », qu'il avait soutenue de son crédit dans son procès en séparation, envoyait au fond de la province le mari, « gratifié d'une compagnie de grenadiers royaux ».

X

Malgré l'accueil flatteur fait par le public à la débutante le 23 septembre 1777, Mme Saint-Huberty, après son début, retombait et demeurait dans l'ombre pendant plusieurs années. En 1778, le *Mercure* parlait seulement d'elle pour mentionner qu'elle avait chanté le rôle de *l'Amour* dans ORPHÉE et dans les « Fragments », acte tiré du ballet des ROMANS, du DEVIN DE VILLAGE et de la PROVENÇALE. Il reconnaissait cependant que la cantatrice, lors du concours spirituel du 8 décembre, assez mal entendue dans l'oratorio, à cause des instruments et des chœurs, avait su déployer un organe sonore et véhément dans une ariette italienne du chevalier Glück[1].

Pendant toute l'année 1779, sous la direction de Devismes, qui ne songeait pas à utiliser son talent, il n'était pas question une seule fois de

---

1. Mme Saint-Huberty sera bientôt la chanteuse préférée de ce célèbre concert, et balancera les succès de Mmes Todi et Marra. Rien n'était moins édifiant, dit l'*Arnoldiana*, que d'entendre au concert spirituel chanter Mlle Saint-Huberty et Girardin, qui dans le costume le plus voluptueux, la gorge mi-nue, les yeux en coulisse, récitaient avec des prétentions érotiques une paraphrase des psaumes de David. Toute la troupe lyrique était sur le même ton. Sophie Arnoult apercevant un jour Mlle Dubuisson, chanteuse de chœurs, environnée d'une compagnie d'officiers aux gardes, qui tour à tour l'agaçaient : « Cette pièce fera son chemin, dit-elle à quelqu'un, voyez comme elle se pousse dans l'épée ! »

la chanteuse, qui songeait à quitter l'Opéra. Et
on la voyait pleurer de désespoir de ne pouvoir
parvenir à se faire confier un rôle[1].

Dauvergne arrivait à la direction de l'Opéra.
Il avait foi en la chanteuse, et elle obtenait de
jouer dans le ROLAND de Piccini. A la suite des
représentations des 28 et 30 novembre 1780, le
Mercure s'exprimait ainsi sur le jeu et le chant
de la Saint-Huberty : « Puisque nous avons
parlé de ROLAND, nous saisirons cette occasion
pour dire quelque chose de Mme Saint-Huberty,
dont les progrès tous les jours plus marqués
méritent une mention particulière. Nous l'avons
vue avec plaisir dans le rôle d'*Angélique*[2] dont
elle s'est fort bien acquittée à beaucoup d'égards.
Nous l'invitons seulement à soigner son articulation; elle la néglige tellement qu'on perd une
partie de ce qu'elle dit. Ce vice est commun aux
cantatrices étrangères ou élevées à l'étranger. »
Le *Mercure* termine en lui recommandant d'ar-
rondir ses gestes, d'en devenir plus avare et de
ne pas donner à ses bras plus d'élévation qu'il
ne convient.

1. Lettre de Dauvergne sur son administration (sans date).
Archives nationales, O¹, 635.

2. « Où est Saint Huberti? où est-elle ? je veux la voir, je
veux l'embrasser, la remercier, lui dire que je lui dois ma
gloire! », s'écriait Piccini, les yeux mouillés de larmes à la
fin de cette soirée où tout le monde redoutait pour l'auda-
cieuse chanteuse le souvenir de la Levasseur.

La multiplicité et l'exagération des gestes, c'est là le défaut de la Saint-Huberty à ses commencements. Une autre fois on lui reprochera de ressembler à une femme persécutée par des convulsions intérieures.

En 1781, la Saint-Huberty entrait dans les « Remplacements ».

En 1782, l'habitude est venue au public de l'entendre, à la critique de la louer. Mlle Levasseur malade, Mme Saint-Huberty la remplace dans l'opéra d'Iphigénie en Tauride. Et le critique théâtral de dire (10 mars) : « Il faut néanmoins convenir que si l'on n'en excepte un petit nombre de situations qui ne nous ont pas paru saisies aussi habilement que les autres, cette actrice s'est fort bien acquittée de son personnage et qu'elle a mérité des éloges. »

Le 12 mai, il est rendu compte du rôle de la Saint-Huberty dans l'Inconnue persécutée en ces termes : « Autant de goût que d'intelligence, quelquefois seulement un peu d'exagération dans les gestes, voilà ce que nous avons cru apercevoir dans l'actrice. »

Le 14 septembre, elle remportait un triomphe dans l'opéra d'Ariane dans l'île de Naxos [1] :

1. A quelques mois de là, en décembre 1782, le critique musical du *Mercure* consacrait l'incontesté et universel talent de la Saint-Huberty dans ce compte rendu louangeur des Embarras de richesses : « Mlle Saint-Huberty a joué le rôle de *Rosette* avec une intelligence, une sensibilité, une verv

« M^le Saint-Huberty, dans l'opéra d'*Ariane*, a ajouté encore à l'idée que l'on avait déjà de son intelligence et de son talent. Elle a joué la scène avec une action toujours animée et intéressante, et elle a chanté avec la plus grande expression la musique constamment forte et passionnée d'un rôle long et pénible. Le degré de supériorité où elle est parvenue... » C'était la première fois que la Saint-Hubert y était chargée d'un premier rôle. Le succès qu'elle y obtenait excita contre elle, dit Ginguené[1], les petites passions des coulisses. Elles agirent si bien, ces petites passions, qu'on fut au moment de la renvoyer de l'Opéra, et elle l'eût été sans l'appui de Piccini qui plaida en sa faveur, fut obligé de rappeler la confiance que Glück avait mise en elle aussi bien que l'assez mauvais jeu de mots fait par lui à son propos, et en dépit des mauvaises dispositions de l'administration, ne craignait pas de lui donner le rôle de *Sangaride* dans une reprise d'ATYS, remanié dans ses ballets et son dénouement trouvé trop lugubre. Et la manière supérieure dont la Saint-Huberty rendait le rôle, au commencement de l'année

d'expression qui prouvent l'étendue et la souplesse de son talent, également propre à rendre tous les rôles, à chanter tous les genres de musique. »

1. *Notice sur la vie et les ouvrages de Piccini*, par Guinguené, de l'Institut national des sciences et des Arts, Paris chez la veuve Panckouke, an IX.

1783, l'amenait à être la cantatrice préférée des deux compositeurs rivaux : Glück qui l'avait fait entrer à l'Opéra, Piccini qui l'y avait maintenue[1].

XI

Un gouvernement peu commode, que celui des amours-propres, des vanités, des cupidités des hommes et des femmes de l'Opéra. MM. Dauvergne et de La Ferté avaient tous les jours à batailler avec les caprices, les prétentions, les exigences, les demandes d'augmentation, les rébellionnements des chanteurs, chanteuses, danseurs et danseuses. Un registre de l'Opéra, pour l'année 1782[2], contenant les comptes rendus des séances du comité et la copie de la correspondance, nous initie à toutes les querelles intestines du lieu, nous dévoile la dure et délicate besogne que, dans cette terrible année, donne au ministre, à l'intendant des Menus-Plaisirs, au directeur général de l'Académie, la direction du « tripot lyrique ».

Un jour, c'étaient des pourparlers avec

1. *L'Opéra secret au XVIIIe siècle*, par Adolphe Jullien. Paris, Rouveyre, 1880. — Madame Saint-Huberty.
2. *Archives nationales*, O¹ registre, p. 639.

Mlle Maillard qui voulait impérieusement débuter dans les grands rôles.

Un autre jour, c'était la colère de Mlle Deligny, à laquelle on refusait une gratification qu'elle sollicitait.

Un autre jour, c'était la méchante humeur de Mlle Gavaudan, tout nouvellement augmentée, à propos d'un refus du même genre, et à laquelle on ne pouvait donner une nouvelle gratification, sans en accorder une aux demoiselles Joinville, Audinot, Châteauvieux.

Un autre jour, c'étaient les récriminations de Mlle Duplant, se plaignant de n'avoir reçu que 4,500 livres au lieu des 6,000 qui lui étaient accordées, se plaignant de l'injustice criante faite à la doyenne de l'Opéra, et menaçant de se retirer.

Un autre jour, c'était une grande conversation avec Vestris père, le dieu de la danse posant son ultimatum et demandant pour continuer à danser à Paris, dans l'espace de six ans, trois congés depuis le mois d'octobre jusqu'à la fin de juin, et un brevet de gratification de 4,500 livres.

Un autre jour, c'était l'obligation pour M. de La Suze, le représentant des chœurs, de passer quatre heures chez la demoiselle Levasseur sans pouvoir la décider à chanter le rôle de *Télaïre*. Et, à une semaine de là, un rapport instruisait

le ministre qu'en dépit d'affiches posées depuis
quatre jours et d'une perte bien certaine pour
l'administration de cent pistoles, on n'avait
jamais pu amener l'actrice à jouer dans l'opéra
de Castor, — l'actrice qui avait repoussé les instances de ses camarades avec des termes injurieux et avait déclaré bien haut qu'elle se mo-
quait pas mal de la recette.

Un autre jour, c'était la demande d'un congé
par la demoiselle Dorival, rédigée dans cette
forme ironique : « Faites-moi le plaisir de me
chasser le plus promptement possible, j'ai grand
besoin d'aller chez les Anglais gagner de quoi
vivre tranquillement en France. »

Car tous, acteurs et actrices, avaient la cervelle
tournée par les guinées de l'Angleterre, par les
propositions vertigineuses du directeur de Drury-
Lane, et tous brûlaient d'émigrer; quelques-
uns même guettaient l'occasion de s'enfuir nui-
tamment de Paris.

Ainsi il arrivait toujours, en cette même année 1782, qu'il fallait donner des ordres pour
arrêter le beau danseur Nivelon, déjà sur la
route de Calais, et qu'on gardait en prison jusqu'à ce qu'il eût payé les frais « qu'il avait
coûté pour courir après lui[1] ».

---

1. Alors quand les artistes de l'Opéra vont donner une
représentation en province, ils sont l'objet d'une surveillance
de la police vraiment indigne. C'est ainsi qu'une représen-

Et le registre de l'Opéra, à quelques pages de
la transcription de ces ordres, contient de l'inspecteur de la police Quidor, l'homme ordinaire
de ces expéditions, et qui, l'année précédente,
après l'incendie de l'Opéra, avait arrêté, au
bureau de la diligence de Valenciennes, la malle
de Lays, prêt à passer en Belgique, ce curieux
rapport qui mérite d'être cité comme un modèle
de la prose policière du temps :

« J'ai déposé cette nuit à l'hôtel de la Force,
avec la consigne du secret, la demoiselle Théo-

tation donnée à Lille en mars 1782 par la Saint-Huberty en
compagnie de Lays et Rousseau donne lieu à cette correspondance gouvernementale.

Le conseiller d'État Amelot écrit, le 13 mars 1782, à M. de
Calonne, l'intendant de Flandre, au sujet du congé accordé
à Lays, Rousseau et Mˡˡᵉ Saint-Huberty :

« Je vous prie de vouloir bien veiller à ce qu'ils repartent
pour Paris le dimanche 24 ou lundi 25 de ce mois. Il serait à
désirer, cependant, que cette surveillance fût secrète, ou du
moins qu'elle s'exécutât avec une certaine circonspection, de
façon que les trois sujets l'ignorassent ou n'en eussent connaissance que dans le cas où ils prendraient une autre route que
celle de Paris. Vous voudrez bien si cela arrivait, donner des
ordres pour qu'ils fussent arrêtés, et m'en imformer sur-le-
champ. »

A défaut de M. de Calonne qui était à Paris, M. Imbert
d'Ennevelin, le prévôt général de la maréchaussée, répondait
le 25 mars :

Mˡˡᵉ Saint-Huberty, Lays et Rousseau, sujets de l'Opéra,
n'ont témoigné aucun désir de se soustraire aux engagements
qu'ils ont à remplir à Paris et n'ont pas pu soupçonner les
précautions prises. Après avoir fait hier au concert tout le
plaisir qu'ils ont fait au théâtre, et avoir reçu des commis-
saires un très beau souper, ils sont partis à 1 heure cette
nuit et arriveront la nuit prochaine dans le dessin de chanter
demain mardi au concert spirituel. » (Extrait, publié dans la
Semaine musicale de Lille, de l'*Histoire du théâtre de Lille
depuis sa fondation, 1796, jusqu'à nos jours*, par Léon
Lefebvre [travail encore manuscrit].)

dore que j'avois trouvée au château de Poinchy, malgré les avis donnés par la demoiselle Guimard à sa mère et ceux qui lui avoient été donnés directement par la poste. Elle étoit dans la plus grande sécurité, se confiant dans une lettre qu'elle dit avoir de M. de La Ferté et écrite au nom du ministre, dans laquelle on lui annonçoit qu'elle n'est plus sur l'état des sujets de l'Opéra, ni de la cour, et qu'on la rendoit libre de contracter les engagements qu'elle jugeroit à propos. Elle a reçu ma visite et mon compliment avec un héroïsme romanesque et paroît disposée à faire assaut de courage et fermeté contre les attaques de l'autorité.

« Pendant le peu d'heures que j'ai passées à Poinchy, j'en ai assez vu et entendu pour pouvoir assurer que la demoiselle Théodore et Dauberval sont mariés depuis huit jours, que c'est pour ce grand coup de théâtre que la demoiselle a hasardé un voyage en France et à Paris, d'où le sieur Dauberval l'a emmenée furtivement à sa terre où s'est faite la cérémonie. Quoique j'aie la certitude de ce que j'avance, comme c'est encore un mystère, je vous supplie, monsieur, de ne pas paraître tenir cette nouvelle de moi. »

Au rapport se trouve joint un état de frais démontrant que ces arrestations n'étaient point à bon marché.

MÉMOIRE DES DÉBOURSÉS FAITS PAR LE SIEUR QUIDOR, COMMISSAIRE DU ROI, INSPECTEUR DE POLICE, DANS L'EXÉCUTION DE L'ORDRE DU ROI CONTRE LA DEMOISELLE THÉODORE, QU'IL A ÉTÉ CHERCHER AU CHATEAU DE POINCHY, PRÈS CHABLIS, ET QU'IL A MENÉE A L'HOTEL DE LA FORCE.

De Paris à Poinchy, 26 postes et demie, y compris la poste royale à 7 liv. 10 s. par poste pour l'officier et 3 livres pour l'homme de confiance, fait la somme de deux cent soixante-dix-huit livres cinq sols 278 5

Pour l'exécution de l'ordre du Roi contre la demoiselle Théodore. . . . . 46 »

Pour le retour à Paris avec la demoiselle et sa femme de chambre, la quantité de 26 postes et demie à 7 liv. 10 s. pour l'officier, 3 livres pour l'homme de confiance et 6 pour la demoiselle et sa femme de chambre, font 16 liv. 10 s. par poste la somme de. 437 5

Plus pour deux jours de nourriture des deux demoiselles à 5 livres par jour, fait . . . . 10 »

                              771 10

L'héroïsme de la Théodore, qui, au fond, n'avait d'autre tort que d'être revenue d'Angleterre en France sans l'agrément du ministère, ne faiblissait pas en prison. Le 23 juillet, elle écrivait bravement :

« ... La justice de cette administration n'est pas faite comme cette admirable divinité qui tient la balance, et je ne suis surprise de rien, mais vous pourrez l'être, si, de ma vie, je fais un pas sur les théâtres de Versailles et de Paris. »

Et l'indomptable et menaçante danseuse donnait une grande inquiétude du fond de sa prison au bon M. de La Ferté, qui lui écrivait :

« ... Quelqu'un vient m'assurer que vous vous proposiez de faire imprimer quelque chose en Angleterre sur votre détention. Je n'en ai voulu rien croire, et j'imagine que vous êtes trop prudente pour vous exposer à des événements désagréables par la suite, en vous permettant quelque chose qui puisse blesser un ministre du Roi et conséquemment l'autorité de Sa Majesté. »

Enfin, le 27 juillet, après quatre jours passés à la Force, la demoiselle Théodore était mise en liberté avec des ordres l'exilant à trente lieues de Paris.

XII

Mais si les deux affaires de Nivelon et de la Théodore étaient, en 1782, les grands et exceptionnels soucis de l'administration, M. de la

Ferté en avait de quotidiens avec tout le personnel féminin. A chaque moment, il était dans l'obligation, comme il l'écrivit à propos de Laguerre, de déterminer telle danseuse ou telle chanteuse « à être *une bonne tête* ». Car la population de femmes de l'Académie royale avait la renommée d'être une réunion de « mauvaises têtes » et parmi les plus mauvaises figurait en première ligne la Saint-Huberty.

Dès le 17 octobre 1781, la chanteuse, encore très obscure à l'Opéra, se plaignait à M. de La Ferté de n'avoir pas été comprise dans le partage des bénéfices de l'année précédente, malgré l'assurance qui lui en avait été donnée par Dauvergne, se plaignait de figurer toujours comme « premier Remplacement », en dépit de l'engagement formel qu'avait pris vis-à-vis d'elle le comité. Et là-dessus, elle demandait son congé immédiat, disant que le grand opéra la fatiguait trop, que sa poitrine était malade, qu'elle écrivait de son lit et que, si on la forçait de chanter encore six mois, sa santé serait perdue.

Donnons, d'après une copie des Archives nationales, la lettre de la chanteuse :

Je prends la liberté de vous importuner pour vous représenter l'oubli que l'on a fait de moi, tant pour le partage que l'on a fait de ce qu'il y avoit de bénéfice l'année passée que des gratifica-

tions que la plupart des sujets P^rs comme Doubles
ont eu, dans lesquels il s'en trouvoit qui n'avoient
pas été plus utiles que moi à la Cour. J'avois la
promesse de M. Dauvergne que je serois traitée
en premier sujet à cause des peines que je me suis
données et de la grande utilité dont j'ai été, et me
plaignant un jour à lui, que n'ayant pas par écrit
le traitement de M. Lainez qu'il me promettoit,
que l'on pourroit me le contester, il me répond
devant témoins, que lorsque huit personnes honnêtes du Comité m'assuroient par la bouche ce
qu'il me disoit, que c'étoit les injurier ainsi que
lui d'en douter, n'ayant donc voulu injurier personne, j'ai compté sur tout ce qu'il m'avoit dit.
Il arrive qu'aujourd'hui ces M^rs ne sont plus les
maîtres, puisque, lorsque je parle de mes intérêts,
ils me font cette réponse. J'ai eu l'honneur de me
plaindre à M. Amelot, il m'a répondu qu'on ne
pouvoit pas traiter tout le monde de la même
manière, je ne demandois cependant que pour
moi, il me fit cependant l'honneur de me dire
qu'à la fin de l'année mes services seroient récom-
pensés. On m'avoit dit de même l'année passée,
et pour l'effectuer, au lieu du titre de P^er sujet
que l'on m'avoit encore promis cette année, on
m'a porté comme P^er remplacement, chose qui
empêche les auteurs de donner des rôles, parce
qu'ils supposent alors que l'on n'a pas de double,
et que l'Opéra cesseroit en cas de maladie. De

plus il n'est pas permis, étant à l'Opéra, d'être malade, sans que M. Dauvergne dise, il n'importe, il faut jouer, et lors même que cela ne fît manquer aucune représentation, il fait au ministre les rapports du contraire; alors on essuye des réprimandes qui, n'étant point méritées, sont faites pour ralentir l'aptitude que les sujets se font un plaisir de mettre à leurs travaux. D'après tous les désagréments que je n'ai point cherchés, et que je suis loin d'avoir mérités, je vous prie de vouloir bien faire accepter mon congé à commencer de ce jour. Le grand opéra me fatigue trop, ma poitrine en est affectée et je sens que si je continuois à le jouer encore plus de six mois pour que mon congé expire, ma santé en seroit vivement altérée, puis qu'à l'heure où j'ai l'honneur de vous écrire, je suis malade et dans mon lit depuis trois jours.

M. de La Ferté, transmettant la lettre de la chanteuse au ministre, faisait ressortir l'inanité de ses prétentions. « J'avois prévu, écrit-il spirituellement, qu'elle feroit sûrement quelque demande extraordinaire, lorsque j'ai su qu'elle apprenoit l'anglais. »

Le ministre faisait mander à la chanteuse que, si elle voulait donner son congé en règle, l'administration l'accepterait, mais à la charge par elle de continuer, suivant les règlements, son service pendant un an. La réponse de la Saint-Huberty était la signification de son congé par huissier. Toutefois le 16 décembre elle se ravisait, se décidait à retirer son congé définitif, qu'elle échangeait contre un congé de trois semaines à partir de ce jour.

Et cela marchait cahin-caha jusqu'au mois d'avril 1782. Au commencement de ce mois, à la suite d'une entrevue avec le ministre Amelot, où l'Excellence lui déclarait que les circonstances ne permettaient pas de lui accorder une gratification extraordinaire, la Saint-Huberty, revenue de Versailles, annonçait qu'elle ne chanterait plus, que son intention était de renoncer absolument au théâtre.

Le 6 avril, M. de la Ferté faisait parvenir à M. Amelot l'étrange congé minuté la veille et signifié le matin à Messieurs du comité de l'Académie royale de musique et à M. de La Salle, secrétaire de ladite Académie, par le sieur Edme Billeton de Creuzy, huissier à cheval du Châtelet de Paris.

« Aujourd'hui est comparue devant les conseillers du Roy, notaires au Châtelet de Paris, soussignée Marie-Antoinette Clavel dite Saint-Huberty, de l'Académie royale de musique, demeurant à Paris, boulevard de la rue Richelieu, paroisse Saint-Eustache.

« Laquelle, dans l'intention qu'elle a conçue

de vivre à l'avenir plus tranquillement, et à raison de la fatigue qu'elle ressent du travail extra-
ordinaire qu'elle a été obligée de faire depuis
près de cinq années, ce qui l'empêchera, quand
même elle en auroit le désir, de se livrer à
l'exercice de son talent, avec autant de zèle
qu'elle se flatte d'en avoir apporté jusques à présent, a, par ces présentes, déclaré qu'elle renonce
expressément, à compter de ce jour, à montrer
et à exercer son talent sur aucun théâtre.

« Dont acte, fait et passé à Paris l'an 1782, le
5ᵐᵉ jour du mois d'avril. »

Dans la lettre accompagnant le congé, M. de
La Ferté disait que cette prétendue retraite
n'était qu'intrigue et mauvaise volonté, assurait
que si on avait accordé à la Saint-Huberty ce
qu'elle demandait, elle aurait aussitôt retrouvé
assez de santé pour continuer son service; faisait enfin remarquer que la diabolique créature
avait eu la méchanceté d'attendre l'ouverture de
l'Opéra pour la signification de son congé, dans
le but, bien positif, de faire manquer la représentation. Armand, sous le prétexte de dévotion,
rappelait-il à l'Excellence, un jour, avait voulu
quitter la Comédie; que firent les gentilshommes
de la Chambre? Ils obtinrent un ordre pour le
faire mettre au couvent, afin qu'il pût travailler
à son salut. Ici, malheureusement, le prétexte
était la santé, et il opinait pour qu'un ordre fût

expédié à la Saint-Huberty de se rendre, sous trois fois vingt-quatre heures, en exil à Étampes ou à Pontoise, villes où l'on serait à même de ne pas perdre de vue la chanteuse.

Le ministre qui, sur le bruit du refus de chanter de la chanteuse, avait mandé qu'il n'y avait pas à « aller par deux chemins » et que si la Saint-Huberty s'entêtait à ne pas jouer le mardi suivant, il fallait la mettre en prison, répondait le même jour à M. de La Ferté :

« A Versailles, le 6 avril 1782.

« Je reçois, monsieur, la lettre que vous avez pris la peine de m'écrire au sujet de la dame de Saint-Huberty. Un simple exil ne la puniroit pas suffisamment de son refus. Si elle persiste, je crois plus convenable de commencer par lui notifier un ordre de faire son service à peine de punition, de la faire surveiller jusqu'à cette époque, et de la faire conduire à l'hôtel de la Force, le même jour à cinq heures du soir, si elle n'est pas alors rendue à l'Opéra et qu'elle continue de refuser à chanter. J'écris en conséquence à M. Lenoir la lettre ci-jointe à cachet volant. Je vous prie de la lui faire remettre après en avoir pris lecture.

« J'ai l'honneur d'être,

« AMBLOT »

Le ministre avait ajouté en marge, de sa main :
« *Dans le cas où la demoiselle Saint-Huberty
forceroit, par son obstination, de la conduire en
prison, je m'en rapporte à ce que vous jugerez
convenable de faire jouer la demoiselle Buret ou
la demoiselle Candeille.* »

Le lendemain 7 avril, un homme de police
remettait à la chanteuse un petit papier portant :

DE PAR LE ROY

« Il est ordonné à la demoiselle de Saint-
Huberty, actrice de l'Opéra, de faire son service
à ce spectacle mardi prochain 9 du présent mois,
et de le continuer pendant toute l'année prochaine
conformément à son engagement ; et ce à peine
de punition.

« Fait à Versailles, le 6 avril 1782[1]. »

Cet homme de police, « homme d'esprit et
fort honnête » était en un mot le célèbre Quidor,
que le bon M. de La Ferté avait pris la peine
d'endoctriner toute la matinée. En dépit de son
éloquence, de ses raisonnements, Quidor ne pouvait rien obtenir. En vain, avec sa science des
tenants et des aboutissants du théâtre, il appelait

1. Archives de l'Opéra.

à son aide la danseuse Peslin, qu'il savait intimement liée avec la *Saint-Huberty*, et à *laquelle* cette dernière avait de grandes obligations; les prières, même les larmes de la danseuse comique, ne pouvaient attendrir l'entêtée créature qui, se montant et délirant dans une de ces colères déraisonnables de femme, criait que rien au monde ne pourrait la faire changer de résolution, qu'elle voulait aller en prison, qu'elle entendait coucher sur la paille, qu'elle exigerait d'être au pain et à l'eau. Quidor la quittait en lui disant qu'il allait bientôt la revoir pour la conduire à la Force.

Quidor venait rendre compte à M. de La Ferté de l'insuccès de son entrevue dans la journée. L'intendant des Menus était très inquiet, très anxieux, très irrésolu sur le parti à prendre avec une nature si violente. Il se demandait s'il devait envoyer à M. Lenoir la lettre sous cachet volant qui contenait :

DE PAR LE ROY

« Il est ordonné à ... d'arrêter la Saint-Huberty, actrice de l'Opéra, et de la conduire à l'hôtel de la Force, enjoignant S. M. au concierge dudit hôtel de l'y garder et retenir jusqu'à nouvel ordre.

« Fait à Versailles, le 6 avril 1782. »

Au fond, la prison, pour une nature comme la Saint-Huberty, c'était un épouvantail à enfants, tout au plus une réclusion de huit jours, pendant lesquels la triomphante victime recevrait la visite de tous les « cabalistes » et ennemis de la direction de l'Opéra. M. de la Ferté revenait toujours à son idée d'un exil dans une petite ville de province, où la femme de l'Opéra « aurait le temps de s'ennuyer », et Quidor était de son avis sur l'efficacité de ce châtiment. Il avait encore une peur, le pauvre intendant *des Menus, c'est que cette créature, capable de* tout, fît semblant de se soumettre, et jouât la *pâmoison en entrant en scène, pour ameuter le public contre la tyrannie des ordres ministériels.* Quidor quittait l'intendant des Menus, en lui disant que peut-être tout n'était pas perdu, qu'il s'était ménagé une seconde entrevue à quatre heures avec la Saint-Huberty, chez la *Peslin.*

Quidor arrivait chez la Peslin où dînait la Saint-Huberty; il arrivait avec l'ambition, ainsi qu'il le dit dans son rapport à M. Lenoir[1], « de dispenser le ministre d'infliger une punition qui, quoique juste et nécessaire, aurait pu occasionner la perte d'un sujet dont les talents méritent des égards ». Quatre heures, quatre

---

1. Archives de l'Opéra.

longues heures, raisonnements, menaces, rien ne
fit. Tous les moyens que suggéra à l'homme de
police son inventive imagination n'eurent aucun
succès. Enfin, cependant, il l'emportait et venait à
bout « de ce cerveau aussi bizarrement que dure-
ment organisé. » Et Quidor rapportait triomphant
cet engagement d'honneur à M. de La Ferté :

*« Je soussignée promets recommencer mon ser-
vice à l'Opéra et le continuer jusques à Pâques prochain, suivant les règles établies pour le bien du
service de l'administration. Je donne, en outre, ma
parole d' « honneur » de ne point sortir de Paris
sans la permission du ministre jusqu'à Pâques prochain. En foi de quoi j'ai donné le présent écrit.*

« Signé : Saint-Huberty.

« Paris, le 7 avril 1782. »

XIII

Mais, avec la Saint-Huberty, jamais rien
n'était terminé, sa soumission était toujours de
courte durée, le naturel chicanier revenait bien
vite, et au bout de quelques mois, c'étaient de
nouveaux coups de tête de la « mauvaise
tête », qui tirait presque vanité de ses rébellions
dans cette lettre du 12 juin 1782 :

« *Monsieur,*

« *On fait si promptement de mauvaises têtes dans le pays de l'Opéra, et l'on y garde si peu le secret, qu'il m'est déjà revenu qu'avec la qualité de première chanteuse, on me qualifie de mauvaise tête (il semble que l'un peut aller sans l'autre). Cependant il me paroît ne point mériter ce titre (qui pourtant marque plus de talent que le talent même). Il m'importe beaucoup d'être justifiée dans votre esprit, et je le puis :*

« *Vous savez, monsieur, les sujets de plaintes qui m'ont fait donner mon congé pour la première fois. C'était donc pour le partage que je n'avois point touché, pour le titre de premier sujet que l'on me refusoit et pour des congés que l'on ne vouloit point m'accorder. Vous avez bien voulu, après en avoir été instruit, me laisser partir pour La Rochelle, en me promettant, ainsi que le ministre, d'autres congés, des gratifications, et le titre que je désirois et que j'avois tâché de mériter. C'étoit donc une justice ! Pâques arriva, et il m'arriva malheureusement d'avoir besoin d'un congé et de demander ou gratification ou amélioration d'appointements, comme de réclamer aussi les feux que l'on m'avoit promis pour laisser les rôles que je jouais et faire toutes les répétitions de Thésée.*

« *On trouve qu'il n'y a rien de plus indigne*

qu'une femme qui a acquis des talents, qui a eu
le malheur de s'en servir pour pourvoir à son
existence, qui a empêché que la porte de l'Opéra
ne se fermât sept ou huit fois au moins, qui a
fait tous ses efforts pour mériter plus même qu'on
ne lui promettoit; on trouve infâme, dis-je, de
réclamer ce congé (« le roi n'en donne aucun »)
et gratification (« il n'y a pas d'argent ») et feux
gagnés (« fi donc ! on n'a point entendu parler
de cela. »). Il faudroit, me dit-on, que les femmes
à talents se défissent de demander de l'argent,
cela n'est pas noble ! Moi qui sentois ne pouvoir me
réformer en cela et ne pouvoir jamais acquérir
la noblesse de ceux qui, pour l'avoir, n'ont pas
moins de quatre-vingts ou cent mille livres de
rente, j'ai la bassesse, pour un si petit objet, de
donner mon congé de manière à ce que l'on ne
me forçât pas de jouer. Il étoit mal donné comme
vous avez pu voir. On m'a traitée majestueusement. Une bonne lettre de cachet me remit dans
le droit chemin.

Cependant j'avois toujours ce maudit désir
d'améliorer mon sort et je me réservois de le donner en règle (voyez ma maladresse). J'attends jusqu'à ce moment d'avant-hier. On avoit dit que
tout cela se raccommoderoit, on avoit murmuré
d'une pension à la cour, d'un congé; enfin j'ai
suspendu ma grande colère. Qu'arrive-t-il de là?
le règne de ces messieurs du comité qui doit

finir le mien, voilà le plus fort ! D'abord c'étoit une lettre de cachet; l'autre semaine, M. Dauberval me met à l'amende, ce n'est que de six livres, je ne devrois pas en parler, mais comme on ne m'a pas prise sur le fait, je le nie. M. Lainez prend sur lui, à ce qu'il dit, de me forcer de quitter mes rôles, de m'empêcher d'entrer dans les coulisses de l'Opéra, de me dire des choses désagréables, enfin de vouloir faire le petit-maître. Ma foi, tout cela est si fort et si malhonnête de se vanter de m'avoir subtilisé avec adresse mon aveu, comme s'il étoit adroit (ces messieurs se vantent !) ; enfin, monsieur, n'ayant voulu me soumettre qu'aux règles établies ou qu'aux ordres du ministre, et voyant que la plupart de mes chers camarades veulent s'arroger le droit de faire les maîtres; et lorsque je demande à voir les ordres ou à les entendre de vous, on me répond que je suis bien malhonnête de ne pas croire sur leur parole des gens qui avouent m'avoir extorqué un aveu. Tout cela damneroit un saint ; et puis il (Lainez) avoue devant tout le monde qu'il me parle au nom de mes camarades. Je crois que, d'après tout cela, on doit souhaiter le bonsoir à ces messieurs, et se justifier seulement aux yeux des personnes que l'on respecte infiniment et c'est ce que je fais. Si tout cela prouve une mauvaise tête de ma part, il y a gros à parier que j'ai pris mon pli, et que j'aurai toute la vie la mauvaise tête de vouloir travailler beaucoup, en être bien récompensée, ne vouloir point mériter de reproches, ni souffrir d'injustice et être toujours avec la considération la plus parfaite, monsieur, votre très humble et très obéissante servante,

« DE SAINT-HUBERTY.

« Ce 12 juin 1782.

« *Ces messieurs m'ont fait savoir ici que je pourrois bien être libre de mon engagement à l'Opéra sous quinze jours au plus tard ; mais comme ils plaisantent quelquefois, j'ai l'honneur de vous en prévenir, parce qu'ils croient encore m'attraper et me mettre dans mon tort[1].* »

La querelle s'apaisait pendant quelques mois.

XIV

Un après-midi, le 6 décembre 1782, M. de La Ferté recevait la visite de la Saint-Huberty, qui lui demandait à jouer ÉLECTRE, le dimanche suivant. L'intendant des Menus lui répondait qu'on ne devait pas représenter cet opéra. La chanteuse répliquait qu'ayant eu beaucoup de peine à apprendre le rôle, elle tenait à ce que le pu-

1. Lettre de la collection du marquis de Flers.

blic la jugeât, ajoutant qu'elle était persuadée,
du reste, que cela ferait plaisir aux auteurs
auxquels elle s'intéressait. Cette représentation
était demandée avec un petit ton net, arrêté,
d'un premier sujet qui se sent indispensable.
M. de la Ferté lui disait qu'il ferait tout ce qui
dépendrait de lui, tout en songeant à lui faire
répondre par le comité qu'on ne pouvait pas
jouer deux fois de suite le ballet de NINETTE,
parce qu'il fatiguait trop Mlle Guimard, et que
son caprice amènerait une perte de 2,000 francs
sur la recette. A l'échappatoire de l'intendant des
Menus, la Saint-Huberty avait riposté qu'en tout
cas, elle entendait jouer le rôle, le dimanche en
huit. La prétention et le ton avec lequel l'insolite
prétention se produisait, causaient un peu d'effroy
à l'homme chargé des intérêts de l'Opéra. Au
fond, il n'y avait pas d'illusion à se faire. La
Salle venait de rendre compte à M. de la Ferté
de l'état de dépérissement de Mlle Laguerre[1], était

---

1. Voici l'origine de cette chanteuse qui mourait un peu
d'ivrognerie. Toute jeunette, elle vendait des pierres à déta-
cher. Un jour elle monta sur le marchepied du carrosse de la
duchesse de Villeroy qui se promenait sur le boulevard, lui
offrit sa marchandise et ajouta qu'elle savait bien chanter.
Cette petite était jolie, elle intéressa Mme de Villeroy qui la
fit venir chez elle, et, lui trouvant en effet une fort belle voix,
l'envoya à Mlle Arnould en la lui recommandant. Sophie la
fit décrasser, lui donna des maîtres et la rendit une des meil-
leures chanteuses de l'Opéra. Malheureusement cette fille con-
serva tous les vices de sa basse extraction, et Sophie disait en
voyant la dépravation de ses mœurs : « C'est un beau fruit
dont le cœur est gâté ! » Laguerre, devenue riche, ne s'occu-

qui ne permettait plus l'espérance de la revoir remonter sur les planches de l'Opéra, et la Levasseur, forte de la protection de son illustre amant, le comte de Mercy-Argenteau, n'apportait plus que la plus mauvaise volonté et le plus mauvais service. Il n'y avait que la Saint-Huberty capable de les remplacer.

L'Opéra ne pouvait s'en passer. Et il prenait à l'intendant des Menus en ce moment la curiosité de savoir où pouvaient aller les exigences de la chanteuse pour l'année théâtrale de 1783-1784. Il commençait à lui parler de la disposition du ministre à vouloir bien la traiter du côté de la cour. L'actrice répondait négligemment qu'elle verrait cela dans quelques mois. Il cherchait à « l'amadouer »; mais à toutes ses avances, à toutes ses paroles caressantes, elle ne sortait pas de la phrase : « Il faut attendre jusqu'à Pâques. » Cependant, il était de la plus grande importance pour l'Opéra d'être fixé sur le réengagement de la Saint-Huberty, et six jours après, elle était invitée à se rendre à l'au-

pait aucunement de ses parents. Son père vendait des cantiques dans les carrefours, et sa mère allait offrant dans les promenades cette sorte d'oublis qu'on appelle le *plaisir des dames*. Un jour Sophie rencontra sur les boulevards la mère Laguerre et elle dit en la montrant à quelqu'un « : Cette pauvre femme n'a pas gagné dans le cours de sa vie avec le plaisir des dames ce que sa fille gagne en une heure en se livrant au plaisir des hommes! » (*Arnoldiana ou Sophie Arnould et ses contemporains.* Paris 1813.)

dience du ministre pour lui faire part de ses conditions. L'entrevue n'avait pas lieu ou, si elle avait lieu, on ne s'entendait pas sur les conditions.

Enfin, le 27 décembre, M. de La Ferté transmettait, avec ses annotations en marge, l'ultimatum de la reine de l'Opéra :

DEMANDES DE LA DAME SAINT-HUBERTY

Bon.	1° 3,000 fr. des grands appointements, ainsi qu'elle en jouit ;
Bon.	2° Les feux et les jetons, ainsi qu'elle en jouit ;
Lui promettre la plus forte que les circonstances permettront.	3° Une gratification extraordinaire de 3,000 fr. ;
Bon.	4° 1,500 fr. sur l'état de la musique du Roi ;
Bon.	5° Un congé de deux mois, tous les ans, y compris la clôture de Pâques ;
Impossible, comme contraire aux règlements.	6° De ne céder aucun de ses rôles à personne que de son propre mouvement.

Et l'ultimatum transmis, la Saint-Huberty faisait la morte, et ni le ministre ni l'intendant des Menus n'entendaient parler d'elle.

Pendant ce temps, le public tout à la Saint-Huberty commençait à malmener la Levasseur. Il fallait conclure, sinon on était menacé de perdre la prima donna qui faisait annoncer dans tout Paris qu'elle allait quitter l'Académie. Alors M. de la Ferté soumettait au ministre une transaction par laquelle on assurait à la chanteuse 8,000 francs tous les ans, indépendamment des feux, du partage des bénéfices, d'une pension de 1,500 francs, qui devaient lui assurer au moins 9,500 francs par an. On lui permettrait de donner deux concerts qui pourraient lui rapporter, tous frais payés 3,000 francs. Enfin, on lui accorderait un congé, à la condition qu'il ne tomberait pas dans un temps trop précieux pour l'Opéra ou Fontainebleau ; — cela, en lui recommandant le silence et le secret sur ces arrangements.

Et, sur ce projet fourni par M. de La Ferté, le ministre adressait le 27 février cette lettre à la Saint-Huberty :

« Rendant à vos talents et à votre zèle, mademoiselle, toute la justice qu'ils méritent, je me suis fait un plaisir de rendre compte à Sa Majesté, qui, en conséquence, a bien voulu m'autoriser à vous annoncer qu'elle vous avoit fait porter sur l'état de sa musique pour la somme de 1,500 francs, à commencer du 1er janvier 1782, ce qui vous fait la jouissance d'une année d'avance; 2° de vous compléter par une gratification un traitement de 8,000 francs à l'Opéra, de sorte que si votre place de premier sujet, y compris vos feux et votre partage dans les bénéfices, ne vous produisoient par exemple que 7,000 francs, alors il vous seroit donné par la cour 1,000 francs pour compléter les 8,000 francs. Il vous sera accordé chaque année un congé de deux mois. Enfin, Sa Majesté approuve que vous donniez par an, si cela peut vous convenir deux concerts à votre profit. L'intention de Sa Majesté est que « ces grâces particulières restent entièrement secrètes ». Je suis très aise d'avoir pu contribuer à vous les faire accorder, vous voudrez bien m'accuser promptement la réception de la lettre.

« Je suis... »

A ces propositions la Saint-Huberty ne faisait pas l'honneur d'une réponse, si bien que le ministre était obligé, au milieu du mois de mars, d'écrire à la chanteuse la lettre suivante :

« Le Roi m'a demandé ce matin, mademoiselle, quelle était la réponse que vous aviez faite à la lettre qu'il m'avoit autorisé à vous écrire. Sa Majesté n'a pas été peu surprise, quand je lui ai dit que je n'en avois pas encore reçu. Elle m'a chargé de vous en demander une positive et la plus prompte possible. Je ne doute pas qu'elle ne soit telle que le Roi doit l'attendre. »

En présence du silence, entêté de l'actrice, soutenue par l'opinion publique qui commençait à se monter en sa faveur, la position du ministre devenait assez embarrassante pour que La Ferté conseillât, à l'occasion d'un concert qu'il donnait, cette petite machination misérable. Il voulait que le ministre parlât en particulier à la chanteuse avant le concert, et que, sur son refus d'une réponse satisfaisante, tout le salon ministériel, prévenu d'avance, demandât à la Saint-Huberty, après son morceau chanté, si décidément elle restait à l'Opéra, et qu'alors M. Amelot déclarât qu'il avait tout fait pour la retenir. Le malheureux intendant des Menus voyait seulement dans cette espèce d'explication publique le moyen de faire tomber le bruit répandu partout par la cantatrice, qu'elle ne quittait l'Opéra que parce qu'on ne voulait pas la payer.

Enfin le ministère, l'intendance des Menus, la direction de l'Opéra étaient obligés de capituler le 20 mars 1783, et de subir toutes les conditions de l'ultimatum signifié le 12 décembre 1782 dans cette pièce curieuse :

LETTRE DU MINISTRE SERVANT D'ENGAGEMENT

A Mme SAINT-HUBERTY

EN DATE DU 20 MARS 1783

« J'ai eu l'honneur de rendre compte au Roi,
madame, des demandes que vous faites pour
continuer vos services à l'Opéra. Je n'ai point
laissé ignorer à S. M. que vous méritiez ses
bontés d'après la manière dont vous avez rempli
vos devoirs à la satisfaction du public. Elle a
bien voulu, pour vous attacher plus particulièrement à son service, vous accorder une
place de quinze cents livres sur l'état de sa
musique, et vous continuer dans la place de
premier sujet de l'Opéra aux appointements de
neuf mille livres par an : c'est à savoir : 3,000 livres sur l'état des grands appointements, et
dans le cas où les feux et les partages ne vous
produiroient pas les 6,000 livres qui doivent
compléter les 9,000 livres, vous toucherez ce qui
s'en manquera chez le trésorier de la Maison du
Roi, en raison de l'emploi qui sera fait de cette
somme dans les états des Menus, et ce pendant
l'espace de huit années, ainsi que vous le désirez,
à commencer du 1er janvier prochain. Mais
comme vous savez à quel point les traitements
particuliers ont été nuisibles au bien de l'Opéra

et les dangereuses conséquences pour le soutien d'une administration aussi dispendieuse, j'ai assuré le Roi que vous m'aviez donné votre parole d'honneur de n'en point parler, et de paroître vous contenter vis-à-vis de vos camarades du traitement de premier sujet. S. M. a consenti, en outre, que vous jouissiez, ainsi que vous le désirez, d'un congé de deux mois par chaque année, y compris le temps de la clôture du théâtre. A l'égard de la gratification de 3,000 livres que vous demandez, je vous la ferai toucher à la clôture du théâtre prochaine.

« Je suis très aise, madame, d'avoir pu vous procurer cet arrangement avantageux, j'espère que par votre zèle à continuer votre service et par votre discrétion je n'aurai aucun sujet de me reprocher d'y avoir contribué. Je veillerai d'ailleurs à ce que vous ne soyez pas contrainte à céder les rôles que vous avez créés, qu'autant que vous y aurez consenti. Vous avez trop d'expérience du théâtre pour ne pas sentir la nécessité de laisser quelquefois jouer les doubles ; aussi l'on peut avec tranquillité s'en rapporter sur cela à votre zèle pour le bien du service.

« Comme l'intention expresse du Roi est que ce traitement soit absolument ignoré de tout le monde, cette lettre, qui vous sera remise par une personne sûre et discrète, vous servira de titre d'engagement ; mais comme il faut que vous y souscriviez, vous voudrez bien signer le double et ajouter seulement au bas qu'au moyen des arrangements contenus dans cette lettre, vous vous engagez à rester à l'Opéra l'espace de huit ans à partir du 1er janvier. »

« Je suis, etc.

« Signé : AMELOT. »

Plus bas est écrit de la main de la Saint-Huberty :

« *Conformément aux arrangements convenus en cette lettre, je m'engage à rester à l'Opéra l'espace de huit années, à partir du premier janvier 1784.*

« Signé : DE SAINT-HUBERTY.

« *Fait ce 22 mars 1783[1].* »

XV

Quelques jours auparavant, dans une mêlée générale entre les artistes mâles et femelles de l'Opéra, arrivée à une répétition d'ATYS, *un crépage de chignons* singulier avait eu lieu entre la Saint-Huberty et Rosalie Levasseur. Mais laissons la parole à un manuscrit de ma collec-

1. *Archives nationales*, O¹, registre 638. Copies de lettres de MM. Dauvergne, de La Ferté, et du ministre Amelot.

tion, intitulé : *Recueil de lettres secrètes* « année 1783, — un manuscrit, dit une note, « que M. Naigeon ami de Diderot tenait de Grimm ».

« Il y a scission parmi les Dieux et les Déesses de l'Opéra, s'entend : Mlle Saint-Huberty ayant chanté le rôle d'Armide et ayant mérité les suffrages de Sacchini et du public, Rosalie Levasseur a cherché dispute à sa rivale. Pendant la même séance ou plutôt la répétition d'Atys le Dieu Legros a cherché chicane à un demi-dieu nommé Rousseau. Il s'agissoit de talens et surtout d'autorité parmi les machines des Cieux et des Enfers. Legros n'a point voulu entendre raison. M. l'Apollon a traité le demi-dieu de Marsyas, il ne l'a pas écorché, mais ils se sont pris aux cheveux, se sont donné des coups de poing, ont inondé l'Olympe de leur sang, et prenant ensuite des chaises, car il y en a dans ce paradis, ils ont voulu s'en assommer. D'un autre côté, la Rosalie, fière de la présence de son amant (M. le comte Mercy-Argenteau, ambassadeur de Vienne en France), Rosalie avait insulté l'intéressante Saint-Huberty. Un éclair est moins rapide que ces deux Déesses à se prendre au chignon. Tout l'Olympe est en combustion. On crie : au meurtre ! à l'assassin ! L'ambassadeur veut sauver sa maîtresse, il tire son épée, mais les combattantes en deviennent plus furieuses. Tantôt dessus, tantôt dessous, elles ne s'en

rossent que mieux. Il a fallu avoir recours aux
mortels pour mettre le holà parmi les Immortels.
Une escouade de la garde de Paris, ayant à sa
tête le commissaire Leblond, est entrée dans
l'assemblée des Divinités, qui à l'aspect du robin
s'est dissipée comme des ombres. Le soir de ce
même jour, 9 de ce mois, on a donné Armide...
comme si rien n'avoit été[1].

XVI

Tout allait bientôt conspirer, et les décès et
les retraites, pour assurer à la Saint-Huberty,
débarrassée de toute rivalité, de toute concurrence, la tranquille possession de son empire
de premier sujet de l'Opéra[2]. La Laguerre était
morte. La Levasseur se retirait définitivement
à la fin de l'année théâtrale 1783-1784. La Duplant, qui ne pouvait causer qu'un bien mince

1. Lettre du 11 mars 1783.

2. Depuis longtemps, cette arrivée de Saint-Huberty à la
possession de l'empire de premier sujet à l'Opéra était prévue,
prédite; la *Correspondance littéraire*, en septembre 1782,
disait : « Ce sera incessamment la seule actrice qui reste à
ce spectacle : la musique de Glück a tué Mlle Levasseur et
Mlle Laguerre se meurt, mais ce n'est ni de la musique de
Glück ni de celle de Piccini. » Et la même correspondance,
à propos de la représentation d'Atys, déclarait que « depuis
la perte de Mlle Laguerre, elle était la seule espérance de ce
théâtre, et que les progrès faits par elle, depuis six mois,
avaient étonné même la jalousie de ses rivales ».

ombrage à la Saint-Huberty, s'apprêtait à suivre, à peu de temps de là, la Levasseur dans sa retraite. Et dans le bataillon des « Remplacements », des « Doubles », des « Coryphées » un curieux tableau manuscrit, rédigé par une plume du tripot, et amendé et corrigé par des annotations de l'administration, et analysant les qualités et les aptitudes des sujets du chant, nous fait voir que parmi le bataillon féminin, la Saint-Huberty ne régnait pas seulement pour le moment, mais encore n'avait rien à craindre pour l'avenir d'aucune des chanteuses, et que si, par hasard, il y avait dans le nombre une belle voix, la paresse et la dissipation ne laissaient pas espérer chez le sujet le développement futur d'un grand talent.

Premiers sujets

Levasseur a servi avec succès pendant l'espace de quatre ans, ne fait presque plus rien depuis quelques années et se trouve dans le cas de ne plus rien faire désormais, ses moyens paraissant insuffisants au genre moderne.

Ici une note. — On ne peut se dissimuler qu'elle avait beaucoup de mauvaise volonté et qu'elle ne coûte même fort cher à l'Opéra, ayant toutes sortes de prétentions pour ses habits, qui ne sont jamais assez chers ni assez riches. Le

traitement particulier de 9,000 livres qu'elle a
obtenu, a non seulement dégoûté toutes ses camarades voyant qu'elle ne les gagnait pas, mais
a encore fait élever les mêmes prétentions de la
part des autres sujets. Il y a neuf mois qu'elle
n'a paru sur le théâtre.

Elle est depuis dix-huit ans à l'Opéra, mais
en chef seulement depuis la retraite de Mlle Arnould et de Mlle Beaumesnil. Si on lui accordait
la pension de 2,000 livres, qui n'est due qu'au
bout de vingt ans, ça serait lui faire une grâce,
car il ne lui est dû que 1,500 livres ; mais c'est
faire un bon marché pour l'Opéra que de lui
donner même les 2,000.

Saint-Huberty. Grande musicienne, pleine de
talents, essentielle à l'Académie. Si la nature ne
lui a pas prodigué tous les moyens, l'art a fait
un prodige.

En note. — Cette actrice sent trop combien
elle est nécessaire à l'Opéra, faute de sujets qui
puissent encore la remplacer avec avantage ;
elle a beaucoup de prétentions, elle a de l'esprit
mais une mauvaise tête. Il faut la ménager, mais
ne pas la gâter, car bientôt elle se rendrait la
souveraine arbritre de l'Opéra. Il a fallu, à
l'exemple de Mlle Levasseur, lui accorder un
traité particulier, qui a produit un mauvais effet
vis-à-vis de ses camarades. Mais toutes ces dis-
tinctions humiliantes pour les autres et rui-

neuses pour l'Opéra cesseront, si le ministre adopte le nouveau projet pour Pâques prochain.

Mlle Duplant. Sujet plein de zèle et de bonne volonté ayant toujours bien rempli sa place. Elle doit beaucoup à son physique, elle a vingt-deux ans de service.

En note. — Elle est d'un naturel inquiet et jaloux. Les traitements de Mlle Levasseur et Saint-Huberty lui font tourner la tête, ce qui la met souvent dans le cas de faire beaucoup de violences. Cependant elle ne peut se dissimuler que son genre de talent, qui est celui de mère et de rôle à baguette, est d'un usage moins fréquent à l'Opéra que celui des autres. Au reste, l'exécution du projet proposé arrangeroit son affaire.

REMPLACEMENTS

Mlle Buret. Une belle voix, de la méthode dans son chant, mais point d'intelligence musicale, point de grâce au théâtre, gauche dans ses mouvements, plus faite pour chanter au concert que pour jouer un rôle sur une scène lyrique. Elle fait craindre qu'elle ne pourra jamais devenir une grande actrice.

En note. — Le désir d'être utile la rend inquiète, tourmentante et chagrine. Cependant l'on pense qu'il faut encore en essayer, mais à la condition expresse qu'elle se contentera de jouer ce qu'on lui dira, et alternativement avec la demoiselle Maillard, sans aucune prééminence d'ancienneté sur elle.

Mlle *Maillard*. Jeune sujet ayant tous les moyens naturels, une voix charmante, de la jeunesse, de la figure, enfin toutes les dispositions nécessaires pour remplacer avec succès Mme Saint-Huberty, mais elle se livre plus à la dissipation qu'au travail. Elle est assez jeune cependant pour faire espérer qu'elle sera un jour un premier talent.

En note. — il faudroit en outre un autre jeune sujet de ce genre et cela n'est pas facile à trouver. On ne peut l'espérer que de l'établissement de l'école proposée.

Mlle *Joinville*. Une belle voix, un beau physique, propre à remplacer Mme Duplant, mais un peu lâche, paresseuse, manquant d'émulation, mais cependant capable de bien faire avec de la bonne volonté.

DOUBLES

Mlle *Châteauvieux*. Une belle voix pour les grands accessoires comme prêtresse, divinités dans une gloire, mais peu suffisante aux grands rôles, d'ailleurs fort utile à l'Académie.

Mlle *Audinot*. Peu de voix, mais fort intelligente pour les rôles d'amour, de jeune bergère, très adroite à la scène.

Mlle *Gavaudan* l'aînée. Une jolie voix propre pour les petits airs mais insuffisante aux grands rôles, manquant d'aptitude à la scène.

Mlle *Gavaudan* cadette. Jeune sujet d'espérance. Une jolie voix propre aux rôles de princesse et de bergère, mais elle se livre plus à la dissipation qu'au travail.

CORYPHÉES

Mlle *Giradin*. Peu de moyens, mais sujet nécessaire pour les confidentes et coryphées! Toujours de bonne volonté.

Mlle *Thaunat*. Une bonne voix pour les rôles de haines. Aussi nécessaire pour les confidentes et les coryphées.

Mlle *Dolemie*. Sujet propre à l'ariette, mais ne laissant aucun espoir sur son utilité pour la scène.

Mlle *Rosalie*. Point de voix, mais supportable dans les suivantes et les coryphées.

Mlle *Lebœuf*. Peu de moyens, peu de voix : chantant cependant l'ariette avec assez d'adresse, mais peu utile à l'Académie, étant hors d'état de faire un rôle quelconque.

Mlle *Candeille*. Grande musicienne, mais man-

quant absolument de moyens du côté de la voix.
Il est même évident qu'elle n'en aura jamais.
Son physique et son talent comme musicienne
font regretter qu'elle ne puisse jamais être d'aucune utilité[1].

XVII

La parole demandée par le ministre à la Saint-
Huberty, de ne point faire connaître les conditions de son engagement, la chanteuse l'avait
tenue, ainsi qu'une femme garde un secret. Elle
s'était empressée, quatre ou cinq jours après la
signature, de donner le détail de tous les avantages et tous les privilèges qui lui étaient ac-
cordés, prenant un âpre et orgueilleux plaisir
dans l'humiliation de ses camarades et surtout
de la pauvre vieille Duplant. Celle-ci avait « la
tête absolument détraquée » par les récits et les
vanteries de l'indiscrète. Elle demandait au ministre de porter sa pension à 2,000 francs au lieu
de 1,500 francs, lui écrivant que c'était le seul
moyen « de rendre le calme à sa pauvre tête,
qui fermentoit au point de la priver à jamais de
santé et de voix ». Et M. de La Ferté apprenait
bientôt que les sieurs Lany, Lays, Chéron,

1. *Archives nationales*, O¹. Registre 630.

Rousseau, se préparaient à demander des traitements particuliers. En même temps que la Saint-Huberty apportait à tout le monde un désir d'augmentation et préparait à l'administration des luttes avec tous ses intérêts surexcités, elle prenait une puissance au cœur de la place par une amitié intime avec la Guimard, et faisait avec la danseuse, difficile à manier, une opposition railleuse et méprisante à l'intendance, au comité. Dans ce mois d'avril 1783, où, déjà, étaient connues de tout le monde les conditions de son engagement, la Saint-Huberty était la première à signer une demande réclamant la succession de Legros pour Lany et Rousseau. Le ministre se refusait à accorder la demande. Alors dans l'assemblée, où étaient lues les réponses du ministre, l'on voyait la Saint-Huberty et la Guimard faire une grande révérence ironique. Après quoi, les deux femmes se retiraient sans prononcer un mot, suivies de tout le monde qui allait s'assembler chez la Guimard, dans ce petit comité se réunissant toutes les fois, dit M. de La Ferté, qu'il s'agissait de *s'ameuter*[1].

1. *Archives nationales*, O¹. Registres 637 et 638.

XVIII

Le succès d'Iphigénie en Aulide, le « féroce » opéra de Glück, avait retiré des esprits l'idée absolue qu'une œuvre lyrique ne pouvait avoir pour théâtre que l'Olympe, et comme chanteurs et comme chanteuses, seulement des dieux et des déesses ; en un mot, on commençait à ne plus être persuadé qu'un opéra devait être toujours un opéra à la Quinault.

Alors les imaginations des écrivains de livrets les plus enracinées dans les vieilles idées se tournaient vers les figures et les événements du passé héroïque et s'apprêtaient à raconter dans de vraies tragédies pleines de réditatifs la grande humanité fabuleuse.

Au moment où s'accomplissait dans les esprits cette révolution *opéradique*, le maréchal de Duras, gentilhomme de la Chambre, en exercice, témoignait le désir à Marmontel d'avoir à donner à la Reine, pendant le séjour de la cour à Fontainebleau, « la nouveauté d'un bel opéra » et désirait que ce fût son ouvrage. Marmontel proposait à Piccini d'en faire la musique, lui demandant un récitatif aussi naturel, aussi simple que la déclamation. En arrachant le compositeur aux distractions de Paris, il l'emmenait à

sa campagne et, pendant l'été, tous deux enle-
vaient l'opéra.

Le quatrième livre de l'*Énéide* le grand morceau de poésie amoureuse de l'antiquité déjà
traité en Italie par Métastase, en France par
Lefranc de Pompignan, avait tenté la muse de
Marmontel. Dans cette admirable mise en scène
de la passion, dans ces passages rapides du dé-
dain à l'humilité suppliante, dans ces succes-
sions subites des fureurs aux tendresses, dans
ces combats, ces luttes, ces contrastes de sentiments divers et opposés, dans ces belles douleurs d'un cœur brisé, le poëte-arrangeur et le
compositeur avaient vu un rôle merveilleux pour
la grande chanteuse du temps, pour la chanteuse
douée de la sensibilité passionnée.

Et l'Opéra de Didon était versifié, instrumenté
pour la Saint-Huberty, uniquement pour la
Saint-Huberty, au rôle de laquelle était complètement sacrifiée toute la machine lyrique. La
musique terminée, l'artiste était invitée à dîner
à la campagne de Marmontel, chantait son rôle
d'un bout à l'autre à livre ouvert, et l'emportait
pour l'étudier sur les chemins, pendant sa
tournée de Provence. Elle devait être de retour
au mois d'octobre[1].

1. *Mémoires de Marmontel*. Paris, an XIII, vol. III.

XIX

Les répétitions commençaient à Fontainebleau; la Saint-Huberty, encore dans le midi, est doublée deux ou trois fois par Mlle Maillard. Une certaine froideur accueillait le nouvel ouvrage de Piccini avant le retour de la Saint-Huberty. Elle arrivait enfin, et sur le bruit que faisait sa première audition, c'était une immense curiosité dans le monde parisien. D'heure en heure tombaient à Fontainebleau des gens illustres, faisant monter, au grand désespoir des pauvres sujets de théâtres, les vivres et les logements. Il n'était question, les jeudis et les dimanches, au cercle de la Reine, que de l'opéra nouveau et de la Saint-Huberty. Le roi assistait tous les matins à de petits morceaux des répétitions, et on attribuait l'honneur à la chanteuse de la révolution qui faisait succéder chez Louis XVI le goût de la tragédie lyrique au goût de la gaieté des petits spectacles et de l'opéra-comique[1]. Enfin, le 16 octobre, jour où le roi avançait son conseil pour que ses ministres fussent libres d'aller au spectacle, la pièce était donnée. M. de La Ferté faisait le compte rendu

---

1. *Mémoires de la République des lettres*, vol. XXIV. — *Correspondance secrète*, vol. XV.

de la représentation en ces termes : « L'opéra
de Didon a eu un grand succès à la répétition
générale et à la représentation, hier ; tout étoit
plein à l'une et à l'autre. Le Roi, la Reine ainsi
que la cour sont venus à l'une et à l'autre. Les
habits sont magnifiques. Mme Saint-Huberty a
été mise au-dessus de tout. »

En effet, la Saint-Huberty jouait *à miracle*, et
le duc de Duras, chargé de la complimenter de
la part du Roi, exigeait que Marmontel et Piccini
lui rendissent hommage, galamment agenouil-
lés aux pieds de la chanteuse, encore couverte
de la pourpre de Didon. — Un spectateur,
témoin de ce triomphe intime au théâtre de la
cour, surprenait le surlendemain la Saint-
Huberty faisant une partie de piquet avec son
jockey sur un coin de table ayant pour tapis un
bout de nappe sale. O reines de théâtre, s'écrie
Métra, voilà bien le revers de votre médaille[1].

<h2 style="text-align:center">XX</h2>

Paris veut avoir Didon sur son Opéra à lui,
et le Roi, qui l'a demandé trois fois, s'inquiète
si on va bientôt jouer l'œuvre de Marmontel et
de Piccini sur la scène de l'Académie royale de

---

1. *Correspondance secrète*, vol XV.

musique. Dès le 20 octobre, des ordres sont donnés au machiniste Boulet pour rechercher des décorations et préparer la mise en scène de l'ouvrage. Les auteurs qui ont fait quelques suppressions, et qui ont reconnu qu'il est nécessaire pour le public parisien de diminuer la tragédie lyrique d'une demi-heure, ne veulent point absolument qu'on donne leur opéra, sans en avoir surveillé les répétitions, les décorations, les costumes. Cela retarde un peu, et le 5 novembre, on prévoit que la représentation, qui devait avoir lieu dix ou douze jours après le retour de Fontainebleau, est impossible avant la fin du mois.

Enfin, la première représentation de Didon est affichée pour le 1er décembre. L'hiver, cette année 1783, est affreux, les rues sont des rivières, les voitures manquent; M. de La Ferté est obligé de faire prêter pendant quelques jours à ses sujets un chariot couvert, qui les mène des Menus à l'Opéra et les ramène de l'Opéra chez eux, installés tant bien que mal sur des chaises branlantes ainsi qu'en un voyage de Ragotin. Le temps ne fait rien. Tout le Paris nommé est à la première représentation, attendant fièvreusement la levée du rideau[1].

---

1. M. Adolphe Jullien donne la recette à la porte de l'Opéra, le jour de la première représentation de Didon. Elle fut de 5.169 livres 16 sols.

Et voilà, sur la scène, Didon qui chante :

>Ah ! que je fus bien inspirée,

qui chante ce joli chant d'illusion amoureuse,
ce morceau, d'un mouvement lent, d'un diapa-
son très étendu, qui montrait, dit Castil-Blaze,
toute la solidité du talent de la chanteuse.

La voilà, quand Énée lui annonce l'ordre des
dieux, jetant son désespoir dans une voix qui
meurt :

>C'est toi, cruel, qui veux ma mort,
>Regarde-moi, vois ton ouvrage.

La voilà, disant si bien cet air de mélancolie :

>Ah ! prends pitié de ma faiblesse.

La voilà, quand Énée combat Jarbe, dans
des notes à la fois peureuses et exultantes,
s'écriant :

>Ah ! qu'il vive et que la gloire
>Le rende aux vœux de mon cœur ;
>Je ne veux de la victoire
>Que le retour du vainqueur.

La voilà, menaçant l'infidèle d'une odyssée
de malheurs, avec l'attendrissement mouillé de
sa voix à la fin :

>Va chercher l'Italie errant au gré de l'onde ;
>Il saura me venger, ce perfide élément.

Triste jouet des vents, des flots et de l'orage,
Environné d'écueils, menacé du naufrage,
Tu te repentiras, dans ce fatal moment,
D'avoir abandonné le tranquille rivage,
Où l'amour t'aurait fait un destin si charmant.
Tu nommeras Didon...

La voilà enfin au troisième acte, la voilà avec son immobilité tragique, avec son effrayant jeu muet, avec l'agonie de son visage, donnant à la salle l'impression de l'envahissement de la mort sur une vivante.

La salle était sous le charme. Les côtés défectueux de l'opéra, l'ennui des rôles d'Énée et de Jarbe, tout disparaissait dans l'intérêt attaché à la prima donna qui était presque tout le temps en scène. La Saint-Huberty ne chantait pas seulement avec la voix douce et touchante qu'on lui connaissait, elle surprenait par la vérité des nuances, la force, la simplicité d'expression qu'elle mettait dans les accents du récitatif, elle émerveillait par la révélation de ses qualités dramatiques, — mariant « le chant de Todi au jeu de la Clairon ». Et le sentiment du public, ému et ravi, était que ce jour, la Saint-Huberty s'était élevée au-dessus d'elle-même, avait doté l'Académie royale de musique d'une création jusqu'alors sans modèle[1].

1. *Mercure de France*, décembre 1783. — *Mémoires de la République des lettres*, vol. XXIV.

Aussi, quand sur le bûcher, à la fin de l'opéra, l'artiste se frappait de l'épée d'Énée, avec un cri qui était un adieu d'amour, la salle saluait la cantatrice de ces acclamations qui allaient l'accueillir dans les salles de spectacles où dorénavant elle se montrerait, criant : Vive Didon! Vive la reine de Carthage[1]!

Le 14 janvier 1784[2], à la douzième représentation de DIDON, un honneur qui n'avait point encore de précédent en France était rendu à la chanteuse. Une couronne de laurier passait de mains en mains au batteur de mesure qui la

1. Le 6 décembre, au théâtre italien, à la représentation du *Faux Lord*, dont la musique était de Piccini père et les paroles de Piccini fils, la Saint-Huberty, devenue en ce moment l'idole du public, recevait un honneur qui n'a jamais été décerné avant elle à aucune actrice; le public l'ayant aperçue dans une loge, à la fin du spectacle, lorsqu'elle s'est levée pour sortir, le parterre et les loges l'ont applaudie comme on applaudit la reine, quand elle honore le spectacle de sa personne, en désignant l'inimitable actrice qui recevait cet hommage, par l'épithète de *Didon, la reine de Carthage*. Si le public eût su que le jour même Mme Saint-Huberty avait réconcilié MM. Piccini et Sacchini, brouillés on ne sait trop pourquoi, les applaudissements qu'elle a reçus, eussent tenu de l'ivresse. L'adresse, l'intérêt et la grâce qu'elle a mis à réunir ces deux illustres rivaux ne l'honorent pas moins aux yeux de ceux qui la connaissent que ses rares talents. (*Correspondance littéraire*, décembre 1783.)

2. Dans une lettre écrite une semaine avant, Marmontel s'était plaint qu'on n'eût pas donné « Didon » le vendredi. « Voilà disait-il, je crois, une façon nouvelle et sans exemple de faire tort à un ouvrage en plein succès. Cela me paroît si étrange, que je ne puis le croire, le vendredi est le grand jour, et jamais on ne l'a ôté à un ouvrage nouveau qui réussit pour le donner à un ancien ouvrage. Hier, la recette de « Didon » a passé 3,800 francs; par quelle injustice et par quelle affectation de nuire à M. Piccini et à moi changeroit-on l'ordre établi? »

déposait aux pieds de l'actrice. La salle trépi-
gnante se levait en masse et exigeait que la couronne fût placée sur la tête de la vertuose
sublime[1].

1. Voici le récit détaillé que fait de cette ovation la *Corres-*
pondance littéraire : « Elle (Mᵐᵉ Saint-Huberty) jouait pour
la dernière fois le rôle de Didon dans l'opéra de ce nom, de
M. Piccini, toujours plus écouté, toujours plus admiré, toujours plus vivement senti et suivi avec une affluence dont il y
a peu d'exemples. Cette actrice étonnante, à chaque représentation, semble ajouter quelque chose à la pureté de chant,
à la vérité d'expression, à la profondeur de sensibilité qu'elle
y a déployées dès le premier jour. C'est, dit l'enthousiaste
chroniqueur, la voix de Todi, c'est le jeu de Clairon, c'est un
modèle qui n'en a point eu sur ce théâtre et qui en servira
longtemps. A la fin du second acte que termine le *trio* si
pathétique, si déchirant et si vrai, entre Énée, Didon et sa
sœur, on a jeté du parterre sur le théâtre une couronne de
laurier qui, mal dirigée, est tombée dans l'orchestre; celui
devant qui elle est tombée, l'a posée sur le bord du théâtre;
le public, à grands cris, a demandé qu'elle fût placée sur la
tête de Didon, ce qui a été exécuté par la demoiselle Gavaudan, au bruit des applaudissements les plus unanimes et les
plus vivement répétés. L'actrice, étonnée et presque confuse,
a éprouvé un saisissement tel que l'on a craint un moment
qu'elle ne pût achever son rôle... Cette couronne de laurier
était entourée d'un ruban blanc, sur lequel on avait brodé
ces mots : *Didon et Saint-Huberty sont immortelles.*
   A propos de ce couronnement, M. de La Ferté écrivait le
18 janvier : « Autre embarras, Monseigneur; je ne sais si
vous êtes informé que, vendredi dernier, on a jeté sur le théâtre
une couronne qui portoit pour devise : « A l'immortelle Saint-
« Huberty. » L'actrice qui jouait avec elle l'a ramassée et l'a
mise sur la tête de Mᵐᵉ Saint-Huberty. Ce jeu, qui paroît un
arrangement peut-être concerté avec la demoiselle Saint-
Huberty, n'est pas indifférent, car ceux qui donnent ainsi
des couronnes (chose sans exemple au théâtre pour un acteur)
pourroient bien s'accoutumer aussi à jeter des pommes cuites
ou des oranges comme en Angleterre à un acteur qui leur
déplairoit; alors il n'y auroit plus moyen de se mêler du
spectacle. »

XXI

Mais donnons ici une lettre de la Saint-Huberty, un enjoué et verveux historique de son triomphe, et qui le peint mieux que toutes les chroniques et tous les récits du temps.

« *Monsieur,*

« *Cadédiss, on ne m'a pas encorre oubliée dans votre charrrmant païs, et donc ? cela devient trrrès singulier d'avoirr pu maintenirr le souvenirr de ma perrrsonne dans la tête et le cœur des spirrrituels Provençaux. J'en suis émerrrveillée et toute énorrrgueillie, trrron de Dieu! Si je retourrrneroi dans cette capitale ? elle devient une affaire capitale pourrr moi !*

« *Enchantée de votre souvenir ; vous ne pouvez me flatter davantage en me faisant accroire que l'on peut désirer de me revoir. Jugez combien je suis sensible, au succès que votre païs peut me procurer, puisque je désire d'y retourner, et vous savez combien le climat m'est contraire et combien il m'a fait souffrir. Eh bien, j'en étois dédommagée. Cependant il faut dire la vérité, je me ressens encore du dérangement que l'air de ce païs m'a occasionné. La chaleur m'a donné un rhume si violent que je m'en ressens encore*

*malgré le repos que j'ai pris en arrivant à Paris.
Mais il a fallu aller à Fontainebleau et jouer
Didon qui a eu un succès fou. Le roy a bien
voulu penser lui-même à augmenter ma pension
d'après la satisfaction qu'il a témoignée en me
voyant jouer ce rôle. On donne aujourd'hui le
Cid de Sacchini. C'est une musique enchanteresse,
vous qui l'aimez, vous allez achever de devenir
fou (de la musique s'entend), mais le rôle de
Chimène étant très fatigant (j'ai pris mal à la
répétition) et au moment où je vous écris, je ne
sais comment je jouerai ce soir.*

*« Le rôle de Didon étant fait pour moi, pour
mes moyens, et étant le seul rôle très intéressant
dans cette pièce, il sera impossible de la donner
sans l'avoir vu représenter. Cela a l'air de l'amour-
propre, mais je vais vous expliquer ce qui en est.
Le rôle de Didon est tout jeu, le récitatif en est
si bien fait qu'il est impossible de le chanter. Tout
le monde ayant entendu trois répétitions de cet
ouvrage avant mon arrivée à Paris, on a jugé
qu'il ne valoit rien, que c'étoit un des plus mauvais ouvrages de Piccini. Cet homme se consoloit,
en disant : « Laissez arriver ma Didon ! » A la
première répétition que j'en ai faite, on a dit :
« Ah, c'est qu'il a refait tout son ouvrage », et il
n'y avoit eu que quatre jours d'intervalle. Piccini
entendoit cela et dit : « Non, messieurs, je n'ai
rien changé au rôle, mais on jouait Didon sans*

Didon et cela devoit être détestable. » Enfin c'est la seule pièce jusqu'à présent qui ait fait plaisir au Roy ; il l'a fait jouer trois fois, lui ! qui avait l'Opéra en horreur. Je répondrois presque que *Chimène* fera aussi grand plaisir : le poëme n'est pas aussi intéressant, vu que la chevalerie françoise n'est plus à un grand degré d'enthousiasme mais la musique est délicieuse en général. J'écris cette lettre pour vous, j'espère qu'on n'en saura que ce que votre prudence vous dictera, vous savez qu'il ne nous est pas permis de juger ou du moins que je ne me le permets que très rarement.

« Il me reste à vous remercier des olives que vous avez bien voulu m'envoyer ; elles sont excellentes. Je suis pourtant bien aise de n'avoir montré que ce désir, car étant homme à les prévenir, vous auriez été capable de les accomplir tous. Je vous prie de témoigner à M. votre frère tous mes regrets de ne l'avoir pas revu à Lyon. J'ai encore une lettre, et des adresses que vous m'avez données pour cette ville, mais comme j'y retourne à Pasques, je la remettrai à son adresse. J'ai gardé une poire pour la soif : cela est bien naturel. A propos, vous avez un frère qui peint comme un ange ; si vous voulez bien me rappeler à son souvenir, vous obligeriez votre très humble servante

« DE SAINT-HUBERTY.

« Ce 18 décembre 1783. »

« *Vous voudrez bien me permettre de vous souhaiter une bonne et heureuse année et vous prier
d'accepter mon buste pour peu qu'il puisse vous
flatter, et me faire connaître une manière de
vous le faire venir*[1]. »

XXII

Ainsi que tous les triomphes de chanteuses en
France au xviiie siècle, le triomphe de la Saint-
Huberty est dû bien plus à son talent d'actrice
qu'à son talent de cantatrice. Sophie Arnould
et la Saint-Huberty sont avant tout de grandes
artistes lyriques apportant au public l'*expression*
d'un rôle passionné ou tendre au milieu de l'émotion de la musique. Mais écoutons Ginguené
nous définir et nous peindre ce talent, et justement dans le rôle de *Didon*[2].

« Le talent de cette sublime actrice prenait
sa source dans une extrême sensibilité. On peut
mieux chanter un air ; on ne peut donner ni aux
airs, ni au récitatif, un accent plus vrai, plus
passionné, on ne peut avoir une action plus dra-

1. Lettre autographe, signée, de la collection de M. Bensa-
mon, de Marseille. M. Castil-Blaze l'a publiée, mais avec des
retranchements et en lui enlevant toute sa jolie *blague*. Elle
est adressée à M. Grégoire l'aîné, à Aix,

2. *Notice sur la vie et les ouvrages de Piccini*, par Ginguené.
Paris, chez la veuve Panckoucke, an IX.

matique, un silence plus éloquent. On se rappelle encore son terrible jeu muet, son immobilité tragique et l'effrayante expression de son
visage, pendant la longue ritournelle du chœur
des prêtres de Pluton, vers la fin du troisième
acte, et pendant la durée de ce chœur même.
Elle ne fit aux représentations que se replacer
dans la position où elle s'était trouvée naturel-
lement à la première répétition. Assise sur le
devant du théâtre et les yeux fixés sur l'orchestre, dès qu'elle entendit les premiers sons
de cette lugubre ritournelle qu'elle ne connaissait
pas, elle pâlit, elle resta comme si déjà elle eût
entendu sa sentence, comme si elle eût senti les
affres de la mort. C'est ce qu'elle exprima elle-
même très énergiquement après la répétition.
Quelqu'un lui parlant de cette impression qu'elle
avait communiquée à tous les auditeurs : *Je
l'ai réellement éprouvée*, répondit-elle ; *dès la
dixième ou douzième mesure, je me suis sentie
morte.* »

XXIII

La Saint-Huberty, dans ses créations, ne tirait
pas seulement d'un grand talent de chanteuse
et d'actrice son éclatant succès ; l'illusion qu'elle
produisait sur les spectateurs, elle la devait à

un ensemble de soins, de détails, de recherches intelligentes, au moyen desquels elle s'efforçait de ressusciter une figure historique.

Dès ses débuts, elle était l'esclave du costume exact, rigoureux. C'est ainsi que, dans l'opéra de DIDON, elle avait fait faire son costume d'après un dessin commandé à Moreau, dessinateur du cabinet du Roi, et qu'elle s'était montrée aux regards d'un public du XVIIIe siècle dans une tunique de toile de lin, avec les brodequins lacés sur le pied nu [1], une innovation presque dangereuse pour l'heure.

En ce temps où l'on ne pouvait décider une tragédienne à s'habiller d'une étoffe sans apprêt, donnant les plis enveloppants et sculpturaux des anciens tissus, où il était impossible d'obtenir d'une actrice qu'elle renonçât aux jupons, aux robes plissées, aux fourreaux garnis de bouillons, aux retroussis avec des cordons et des glands, nulle femme de théâtre ne faisait sur la scène meilleur marché de la mode, des habitudes et des élégances consacrées, nulle femme de théâtre, pas même la Clairon, n'osait dans ses costumes une fidélité historique plus hardie, plus contemptrice des religions contemporaines, en un mot plus révolutionnaire.

1. Voir le costume de la Saint-Huberty de *Didon*, gravé en couleur par Dutertre, d'après le dessin de Moreau, dans les *Costumes et Annales des grands théâtres de Paris*, 1786.

Et ne voyait-on pas la Saint-Huberty, une
autre fois, apparaître dans un opéra, la tunique
attachée sous un sein découvert, les jambes
complètement nues, les cheveux, ses vrais cheveux, répandus sur les épaules ! Elle était applaudie avec ivresse. Mais, le lendemain, des ordres
ministériels défendaient à la chanteuse de reparaître sous ce costume[1], et à la seconde représentation, la chasseresse thessalienne était contrainte de revenir aux bas de couleur chair,
à la tunique de burat, à la gaze d'Italie tampon-
née, au satin anglais, au taffetas aurore, à la perruque.

XXIV

Entre la visite de la Saint-Huberty à la maison de campagne de Marmontel et la représentation de Didon à Fontainebleau, Floquet,
auteur de l'opéra du Seigneur bienfaisant, compositeur de morceaux de musique, de « fan-
fares », avait été choisi par la Saint-Huberty

---

1. *Recherches sur les costumes et les Théâtres*, par Levacher
de Charnois, an XI. — Son costume de *Rosette* avait déjà
attiré à la chanteuse, dans une lettre adressée au *Journal de
Paris*, en 1782, la critique suivante : « Je ne sais pas si les
jardinières des environs d'Athènes laissaient voir aussi leurs
cuisses nues à travers la gaze comme Mme Saint-Huberty dans
Rosette, mais je sais que ce genre de vérité a déplu à des
personnes de goût. »

pour la faire engager pendant le congé de deux
mois qu'elle avait arraché de l'administration,
dans son traité du 22 mars. Une lettre relative
à un engagement qu'il négociait pour la chanteuse avec le théâtre de Marseille, m'est tombée
entre les mains. Elle est curieuse, cette lettre,
par les renseignements qu'elle donne sur les
appointements payés aux premiers sujets de
Paris dans leurs tournées provinciales, en
même temps que sur les *trucs* d'un agent dramatique du XVIIIe siècle.

« A Paris, ce 10 juin 1783.

« Je n'ai jamais vu, mon cher ami, marchan-
der un talent, comme celui de Mme Saint-Huberty.
Soyez assuré que l'Opéra de Paris n'a jamais eu
un talent comme celui-là. On veut que cette
femme aille et revienne, qu'elle paye son séjour
à Aix et à Marseille, c'est-à-dire qu'après avoir
bien amusé la Provence, il faut qu'elle retourne
à Paris avec rien dans sa poche. Cela n'est pas
croyable. En 1775, on a payé le voyage de
Legros ; il avoit à Aix une table de six couverts ;
l'année passée, il a eu 500 livres par représentation. Mlle Sainval a eu 600 livres, et on trouve
peut-être que Mme Saint-Huberty à 400 livres
n'est pas bon marché. Si elle savoit tous ces
détails que je vous marque sur Legros et sur

Mlle Sainval, soyez certain que vous ne l'auriez pas à 400 livres.

« Soyez encore bien certain que, dans deux ans, ne l'aura pas qui voudra à 5, 6 et 700 livres. Je conseille à MM. les actionnaires de Marseille de s'arranger avec le directeur d'Aix; et quand? le plus tôt possible, et de payer le voyage et le séjour de Mme de Saint-Huberty, sans quoi elle ira à Bordeaux, et l'année prochaine, elle les fera chanter s'ils la veulent. Le jour de la Pentecôte, je l'ai menée promener à la sortie du concert spirituel, j'ai resté avec elle jusqu'à une heure. Je lui ai fait des fagots sur la Provence, sur les Marseillaises, les pastecs (*sic*), les melons, etc., etc. Je l'ai détournée d'aller à Bordeaux tant que j'ai pu, à cause du trouble qu'il vient d'y avoir, car elle vouloit partir samedi prochain. Ainsi, mon ami, arrangez cette affaire de manière que votre réponse soit votre dernier mot, et qu'on fasse toucher ici les frais du voyage.

« Si tout cela s'arrange, l'année prochaine je tâcherai de vous avoir Lays, meilleur marché. Si enfin, les choses s'arrangent comme je le désire, Mme Saint-Huberty sera à Aix ou à Marseille au plus tard le 29 ou le 30 du présent mois. Elle commencera où l'on voudra. Voici la liste des opéras qu'on peut préparer : les Deux Iphigénie de Glück, Roland, Atys, Orphée, Écho et Narcisse, Alceste, Arianne, le Devin du village, la Reine de Golconde, le Seigneur bienfaisant, Collinette. Vous choisirez dans ce nombre-là ceux qui pourraient être, donnés le plus facilement. Pour les opéras-comiques elle les choisira sur le lieu.

« Péronne a été traitée trop sévèrement le jour de la première, il y avoit une cabale infernale. Il y a de très bonnes choses dans l'ouvrage, je n'ai pas vu d'ouvrage plus critiqué que celui-là, j'entends partout dire que c'est un ouvrage détestable, et on a tort, il vaut vraiment mieux que l'embarras des richesses.

« Je ne redonnerai la nouvelle Omphale qu'au mois de septembre, parce que Clairval tient au rôle et ne veut pas céder à Michu. Mme Bilioni se meurt du poumon et n'a peut-être pas 15 jours de vie. Clairval, son amant, sera sûrement quelque temps sans jouer après cet événement, et cette pièce se trouveroit encore accrochée. J'aime mieux attendre.

« On dit que le spectacle de Fontainebleau sera brillant et on fait de grands préparatifs pour les spectacles.

« Adieu, mon cher ami, j'attends votre réponse définitive et la plus prompte et suis en attendant votre ami[1]

« FLOQUET. »

---

1. Lettre autographe signée, adressée à M. Grégoire fils aîné, négociant à Aix.

Nous n'avons pas de renseignements sur cette tournée de la Saint-Huberty en province, mais l'on peut affirmer que si l'actrice n'eut pas encore l'ovation de l'année 1785, elle obtint cependant un très grand succès. Le talent de la Saint-Huberty, dès les premiers jours où elle se fit entendre à Bordeaux, à Marseille, charma et exalta les méridionaux, qui mirent une sorte de fanatisme dans leur admiration. Il est sur le culte de ces dilettantes passionnés un document caractéristique que donne les *Mémoires secrets de la République des lettres*[1]. Au mois de septembre de cette même année, Louis, l'architecte du théâtre de Bordeaux, s'étant permis, au foyer de l'Opéra de Paris, des propos malhonnêtes sur le compte de la Saint-Huberty, qui venait de reparaître après l'expiration de son congé, un Bordelais, M. Bonnafou, le menaça de lui couper les oreilles quand il le rencontrerait. Et il fallut que le malheureux et peu héroïque Louis, pour conserver ses oreilles intactes, fît en plein foyer de l'Opéra une réparation publique au chevalier de la Saint-Huberty.

Une meilleure preuve du succès de la Saint-Huberty, c'est la persistance et l'entêtement qu'elle met à y retourner tous les ans, sans vouloir faire la concession d'un seul jour dans les

1. Vol. III.

moments où son absence gênait le plus l'Opéra. Bientôt, malgré les termes de son traité, elle élevait la prétention de ne pas compter dans ses deux mois de congé les trois semaines de Pâques, et avait à la fin du mois de mai 1785, une terrible scène avec Dauvergne, répétant plus de dix fois qu'elle avait droit à une absence de deux mois. Au mois de juin 1786, au moment de partir pour Plombières, avec Rousseau, cette prétention d'un congé de deux mois entiers nécessitait une correspondance avec le ministre, qui répondait ne vouloir faire aucune grâce à la chanteuse, et que son intention était qu'elle ne s'absentât pas plus de cinq semaines. « Malgré les torts que la femme avait envers lui », Dauvergne s'adressait à M. de la Ferté pour qu'on accordât à la chanteuse les trois semaines en plus qu'elle demandait[1].

XXV

A Fontainebleau, pendant les représentations de DIDON, la Saint-Huberty avait été fort « gâtée[2] » par la cour et principalement par la Reine.

1. *Archives nationales.* Lettre de Dauvergne, O[1]. 635.

2. En novembre 1783, la *Correspondance littéraire* dit : « ... Mme de Saint-Huberty, outre une pension de 1,500 livres, en a eu une de 500 sur la cassette de Sa Majesté, qu'elle a daigné ajouter de sa propre main sur l'état qui lui en fut pré-

Aussi, dès le commencement de janvier 1784, le comité rencontrait-il chez l'actrice, de retour à Paris, une indépendance gênante pour les besoins du service. Quelques jours après, le couronnement de la soirée du 14 rendait la triomphante chanteuse tout à fait impossible. Elle refusait de chanter Didon en plein cours du succès de cet opéra, et ne voulait pas permettre qu'une autre chanteuse la remplaçât. Le fameux article de l'engagement signé l'année précédente, relatif à cette prétention de la Saint-Huberty, avait été tourné par le ministre et n'avait point été résolu.

L'artiste tenait à sa prétention, à son désir secret, déjà manifesté en 1783[1], de ne point être doublée par Mlle Maillard qui avait eu une espèce de succès pendant son absence. Mlle Buret, tant qu'on voudrait; la Maillard, point. Et, en pleine

senté, suivant l'usage, par le premier gentilhomme de la chambre, comme un témoignage particulier de tout le plaisir que lui avait fait cette excellente actrice. »

1. Voici à ce propos ce que disait la *Correspondance littéraire* en octobre 1783 : « Il vient de s'élever, sur le théâtre de l'Académie royale de musique, une petite guerre civile, mais le vœu du public et les ordres du ministère l'ont éteinte dans sa naissance. Mme Saint-Huberty a eu la faiblesse d'être jalouse de Mlle Maillard, jeune actrice dont nous avons eu l'honneur de vous annoncer les succès. Pour les arrêter, elle a prétendu l'empêcher de chanter ses rôles immédiatement après elle. Grâce à ses complots, toutes les doyennes de l'assemblée, ameutées contre sa jeune rivale, ont fait valoir hautement le droit qu'elles avaient, comme anciennes de Mlle Maillard, de chanter avant elle; cet arrangement a eu même lieu quelques jours, mais le titre sur lequel il était fondé n'étant

répétition de Chimène, sur le bruit que, pour la laisser reposer et la mettre à même de jouer avec tous ses moyens le rôle créé par elle dans cet opéra, Mlle Maillard allait la doubler un dimanche dans Didon, la Saint-Huberty manifestait impérieusement son désir de jouer, désir signifié dans une lettre assez insolente à M. de La Ferté, qui lui répondait par cette ironie :

« 5 février 1784.

« Je viens d'apprendre, madame, que par un excès de zèle qu'on ne peut trop vous louer, vous aviez proposé de jouer dimanche Didon. Le ministre est informé que vous devez répéter pour la répétition générale Chimène, le samedi. Il croiroit que ce seroit abuser de votre bonne

pas fort imposant dans la république des Grâces et des Amours, il n'a pas tenu longtemps. Voici des vers faits à l'occasion de cette révolution :

A Mademoiselle Maillard

Sur le bruit qu'il s'est répandu qu'elle ne devait plus jouer le rôle d'Armide dans Renault

Nous ne verrons donc plus, adorable Maillard,
Armide pour nous plaire emprunter ta figure.
Saint-Huberty le veut, et l'on permet à l'art
　　D'outrager ainsi la nature.
　　Ris avec nous de tes disgrâces,
Va, crois-moi, le public jaloux de tes talents,
Ne peut te refuser l'encens que l'on doit aux Grâces.
　　A ton âge avec tes beaux yeux,
　　On doit s'attendre à des cabales.
　　Le talent fait des envieux
　　Et la beauté fait des rivales.

volonté, si vous jouiez dimanche, la première représentation de Chimène étant lundi; ce qui mettroit d'ailleurs peut-être cet opéra dans le cas d'être retardé, si malheureusement vous étiez trop fatiguée le Dimanche par le rôle de Didon.

« Cela deviendroit fâcheux et fort embarrassant, cet ouvrage ayant été annoncé pour la première représentation à la Reine pour le lundi, indépendamment d'une perte considérable que cela occasionneroit à l'Opéra et dont vous seriez, madame, très fâchée, vu l'intérêt que vous prenez à ce spectacle dont vous faites un des principaux ornements. »

. . . .

Le lendemain, M. de la Ferté, s'adressant au ministre, parlait des prétentions de la Saint-Huberty, prétentions accrues, développées, et grosses d'exigences nouvelles, comme de prétentions « destructives » de l'Opéra, déclarant hautement qu'on amènerait la destruction de la « machine », si l'on cédait aux fantaisies de l'actrice. Et il ne trouvait rien de mieux que de mettre en marge du règlement toutes les demandes de la première chanteuse, pour faire toucher au ministre le ridicule de ses exigences et mettre l'Excellence en état d'en conférer avec la Reine.

Il se plaignit amèrement des gâteries de Fontainebleau, de ces gâteries qui rendaient ingouvernables les sujets qui en étaient l'objet. Il déplorait que la Reine eût fait l'honneur de dire à la Didon qu'elle n'avait pas grande opinion de la demoiselle Maillard : ce sujet « étant le seul sujet d'espérance en femme à l'Opéra dans le moment » et pouvant seul, par l'espèce de crainte et de jalousie qu'avait la Saint-Huberty de sa voix et de son talent, la maintenir et rendre traitable. Il demandait enfin que, devant le refus de chanter d'une manière suivie par la Didon, il fût permis à l'administration de l'Opéra de la faire remplacer par Mlle Maillard, à laquelle Piccini, un peu fatigué des caprices de sa première chanteuse, avait montré le rôle en cachette, tout désireux de voir jouer par cette remplaçante à la fraîche voix, mais en même temps tout tremblant de se brouiller avec sa terrible prima donna.

Il ajoutait que cette mesure était de toute nécessité en présence des frasques de la femme et du peu de fond que l'on pouvait faire sur elle, d'après les termes équivoques de sa lettre et de la phrase soulignée « année de grâce[1] ». M. de La Ferté, en ceci, était-il guidé par les intérêts seuls de l'Opéra ? La chronique scandaleuse dit non, et insinue que l'homme marié, le dévot,

1. *Archives nationales*, O¹. 626.

était l'esclave d'un sentiment amoureux, qu'il était l'amant de la Maillard[1].

Quoi qu'il en soit, M. de Breteuil mandait le rôle au comité de confier l'ordre de Didon à la chanteuse des « remplacements » et faisait montrer une lettre à la Saint-Huberty, où à côté d'une phrase complimenteuse sur son talent, le ministre lui donnait à entendre « qu'il la croyait trop raisonnable pour ne pas se soumettre aux règlements de l'Opéra ».

Sur cet ordre, Mme Saint-Huberty, qui « avait toujours une maladie en poche », au grand détriment de Sacchini, dónt l'opéra de CHIMÈNE venait d'être joué le 9, déclarait qu'elle était enrouée et qu'elle ne pourrait chanter. Le même jour elle faisait dire qu'elle ne chanterait pas de huit jours, et Paris parlait d'une lettre de l'actrice où elle disait qu'il venait de lui prendre une indisposition qui vraisemblablement serait longue, et que la révolution survenue dans sa santé l'obligerait de demander sá retraite pour Pâques.

XXVI

La Saint-Huberty, en ces années, n'était pas seulement le premier sujet de l'Opéra, elle était

1. *Mémoires secrets de la République des Lettres*, vol. XXV.

la femme de théâtre citée pour son élégance,
pour son luxe, pour la révolution galante ame-
née dans ses mœurs, par la séduction de son
talent et de sa personne. Où est le temps de
cette chambre d'hôtel garni, où une malle de
voyage, à côté d'un mauvais lit, se trouvait être
l'unique siège qu'elle avait à offrir au visiteur?
Où est le temps où la modestie de ses petites
robes noires, aux répétitions de l'Opéra, la
faisait appeler par ses camarades : *Mme la Ressource*[1] ? Aujourd'hui elle demeure boulevard
de la Comédie-Italienne, elle baptise les fanfre-
luches du goût, elle donne son nom à ces souliers
au haut talon avec lesquels Marie-Antoinette
montera sur l'échafaud, aujourd'hui elle est une
des souveraines de la mode, aujourd'hui le vol
plus haut lui adresse cette épître :

ÉPITRE

« *De très soumis et très-respectueux seigneur*
de sa Complaisance, à la très aimable et très

---

[1] *Biographie universelle des contemporains.* — C'est à propos de cette épigramme que Glück, qui croyait à l'avenir de
la jeune cantatrice, riposta par ces mots : « Oui, le mot est
juste, car elle sera un jour la ressource de l'Opéra. »

recherchée de Saint-Huberty, ministre plénipo-
tentiaire de l'Opéra, distribuant les pensions, les
gratifications, formant les cabales et les divisions,
de concert avec la demoiselle Girardin, et parta-
geant avec cette femme adroite la fatigue des
plus fortes entreprises.

« Ce n'est qu'avec admiration, charmante Saint-Huberty, que j'envisage le point de gloire où vous et vos compagnes êtes parvenues. Nous ne sommes plus dans ce temps de barbarie où la vertu sévère régnait à l'ombre des lois. La douce licence, sous le nom de liberté, vient enfin d'ouvrir la carrière à nos vastes désirs. Vous triomphez, divine enchanteresse, et vos charmes séducteurs ont changé la face de la France.

« Nos palais, nos hôtels ne sont plus aujourd'hui que la retraite du triste hymen, où d'indolentes épouses languissent dans l'ennui, sous la garde d'un suisse chamarré, qui comme le marbre de sa porte indique la demeure du maître et la prison de sa triste moitié; tandis que la sémillante jeunesse, en foule dans ses petites maisons, y fixe l'Amour et ses jeux, et que vos petits soupers font partout le désespoir des grands.

« Souveraine des modes, n'est-ce pas vous encore qui les donnez? Votre goût en décide; vos plumes, vos gaules, vos chapeaux à la Marlborough deviennent l'exemple du général ; et telle n'ose vous imiter en grand qui s'étudie en son miroir à vous copier en détail.

« C'est à vous et à vos amis, charmante et incomparable de Saint-Huberty, que l'on doit cette heureuse révolution dans les mœurs. Soit que, trainée dans des chars élégants, vous embellissiez les boulevards poudreux ; soit que, dans une fête, vous éclipsiez la modeste citoyenne, ou qu'au monotone Wauxhall d'hiver, parée de mille pompons, vous fixiez sur vos pas une foule empressée, tous les regards sont tournés vers vous. »

Et à quelques années de là, c'est pour l'agronome Young, voyageant en France, un contraste douloureux de passer d'un salon où la Saint-Huberty gagnait 500 louis, à une chaumière où une famille mourait de faim.

XXVII

A quelques mois du triomphe et du couronnement de la Saint-Huberty à l'Opéra, les rivales, les envieuses, les ennemies personnelles qu'a tout talent en ce monde, travaillaient avec le concours et l'appoint des gens que fatigue une réputation déjà vieille de plusieurs années, travaillaient à opposer une étoile nouvelle à la Saint-Huberty.

Un membre de la Faculté de médecine, le docteur Mittié, émerveillé de la voix d'une gouvernante qu'il venait de prendre, avait l'idée de la faire instruire pour entrer à l'Opéra. Elle s'y refusait, prétextant son âge, et disant qu'elle avait une sœur beaucoup plus jeune et qui chantait beaucoup mieux qu'elle. Le docteur la faisait venir de son village. Julien, l'ancien acteur du Théâtre-Italien, commensal habituel du docteur, lui faisait apprendre quelques ariettes. On convoquait Lays. La villageoise était petite, laide, maigriotte, noiraude, mais elle avait un organe qui enchantait Lays. Il prenait la direction de son talent, lui faisait donner des leçons de danse par Deshayes, des leçons de déclamation et d'action théâtrale par Molé, des leçons de chant par la Susse et Pillot, enfin, pour former son corps à des mouvements assortis à la scène, des leçons d'armes par le fameux Donnadieu[1]. Et voilà la petite Dozon arrivant en quinze mois à marcher, à parler, à déclamer, à chanter et apprenant des rôles dans sept opéras différents. Dès lors, dans ce Paris, tout occupé de la merveille de dix-sept ans, une immense curiosité pour ses débuts.

1. *Mémoires secrets de la République des Lettres*, vol. XXVI.

Jamais tant d'applaudissements. On acclame le touchant et le naturel de son expression lyrique, on exalte sa prononciation si supérieure à la mauvaise articulation de la Saint-Huberty, on porte aux nues cette voix qui monte jusqu'au *ré* et qui a, dans les tons hauts, la justesse que l'on obtient seulement des instruments à clavier. Et Sacchini accourant, après la représentation, à la loge de la petite Donzon, dans le feu de son admiration, promet à la future Mme Chéron qu'au bout de deux mois d'études il en fera la meilleure chanteuse de l'Opéra et que, dans deux ans, elle sera la première cantatrice de l'Europe.

Le jour de ce début, la Saint-Huberty, arrivée le matin même de Bordeaux, s'était placée à l'amphithéâtre[1], à cette place où, quand le public l'apercevait, il lui prodiguait les mêmes applaudissements que sur la scène. Ce soir-là, oubliée, inaperçue, elle voyait l'ivresse de la salle aller tout entière à l'autre ; et son triste silence et le froid de sa personne au milieu de l'enthousiasme universel mettaient dans la spirituelle bouche de Sophie Arnould une brutalité qu'on ne peut citer.

1. *Correspondance littéraire de Grimm*, vol XII.

XXVIII

Parmi ses pérégrinations de l'année 1783, dans le cours des représentations données à Lyon[1], la chanteuse s'était prise d'un caprice d'artiste en tournée pour Saint-Aubin, le premier chanteur du théâtre.

Et le caprice devenait presque une belle passion que la reine de l'Opéra voulait continuer à satisfaire à Paris. Que fait-elle de retour dans la capitale? Elle vantait la voix de haute-contre du chanteur à M. de La Ferté[2], elle persuadait au comité que cette acquisition tirerait l'Opéra d'embarras, toutes les fois que l'administration rencontrerait trop de difficultés de la part des « acteurs à prétention », se démenant si bien enfin, qu'elle faisait expédier à son amant :

[1]. En 1783, la Saint-Huberty vint chanter plusieurs opéras-comiques pendant le Carême. Elle séduisit tout le monde ; on la trouvait laide au lever du rideau, « mais dès qu'elle ouvrait la bouche, on oubliait sa laideur et on la trouvait superbe ». La vérité de son jeu touchant et passionné, son abandon sublime, la magie de son chant, la sensibilité de son organe, ses attitudes animées et pittoresques attirèrent une affluence *sans exemple* de spectateurs émus qui accueillirent chaque jour cette actrice inimitable avec des vers, des couronnes et des cris... En 1785, elle revenait à Lyon au mois de juin et, à la suite de sa grande tournée dans le midi s'arrêtait dans cette ville du 28 juillet au 1er août. Elle chantait dans Iphigénie en Tauride, dans Alceste, dans Didon. (Renseignements fournis par M. Emmanuel. Vingtrinier et tirés du *Journal de Lyon* et de la *Petite Chronique lyonnaise*, année 1783.)

[2]. *Archives.* Lettre du 6 novembre 1785.

« DE PAR LE ROI

« Il est ordonné au sieur de Saint-Aubin, haute-contre du spectacle de Lyon, de se rendre immédiatement à Paris pour débuter sur le théâtre de l'Opéra.

« Fait, etc. »

De Lyon on avait beau écrire que le sieur Saint-Aubin était non seulement de la plus grande utilité comme premier acteur, mais comme préposé à la régie, qu'il ne restait plus là-bas qu'un Colin plein de bonne volonté, mais très insuffisant pour le remplacer, que le sieur Saint-Aubin était en avance de 3,433 l. 4 s., que la demoiselle Destouches, qui avait l'entreprise de l'Opéra et dont les affaires se trouvaient déjà très embarrassées, était, par suite du départ de ce chanteur, menacée de ruine et de faillite ; la Saint-Huberty l'emportait, — et le 9 décembre débutait, dans le rôle d'*Atys*, Saint-Aubin, qu'on trouvait un assez bon chanteur, mais vraiment bien gros.

Puis, quand, pendant toute une année, le chanteur aimé eut chanté, comme le dit Castil-Blaze, des séries de duos assez longs pour être admis à compter des pauses, le mari se réveilla dans l'amant, et tout à coup Saint-Aubin se rappela qu'il avait laissé là-bas une très charmante femme et deux jolis enfants, et manifesta le désir de revenir à son ancien théâtre. Menacée de perdre le tout, la Saint-Huberty se résigna à se contenter de la moitié. Et la voilà, de par sa toute-puissance sur la direction de l'Opéra, qui arrive à faire lancer au nom du Roi un second papier impératif à la femme, qui tombe à Paris munie de son ordre de début et de ses deux marmots[1].

XXIX

Ainsi donc, en ces années, la Saint-Huberty est devenue une puissance imposant à la direction de l'Opéra la tyrannie de ses fantaisies amoureuses, et une puissance se refusant à tolérer de la part de la critique les plus humbles observations sur son chant et sur son jeu.

Le *Journal de Paris* ayant osé avancer dans son numéro du 21 avril 1785 que la cantatrice avait dénaturé l'air dont les paroles sont :

Armez-vous d'un noble courage, etc., etc.

reprochant à la Saint-Huberty d'avoir ralenti

1. Anecdote racontée par Mme de Saint-Aubin en juin 1847 à M. Castil-Blaze. *L'Académie impériale de musique*, 1755, vol. I.

prodigieusement les trois premières mesures, déterminée sans doute qu'elle était par le mot *noble* qu'elle avait voulu prononcer avec noblesse : ralentissement qui ne se concevait pas dans le mouvement violent qui emportait Clytemnestre, sur l'heure la cantatrice faisait expédier à l'imprudente gazette la lettre qui suit :

> « Aux auteurs du *Journal de Paris*,
> à Paris, ce 22 avril 1785.

« Vous avez eu tort, Messieurs, de reprocher à Mᵐᵉ Saint-Huberty, dans votre feuille du 21 de ce mois, d'avoir fait plusieurs changements dans le rôle de *Clytemnestre*, puisqu'il est de fait qu'elle n'y en a fait aucun et qu'elle le chante exactement comme il est noté dans la partition.

« Vous n'êtes pas mieux fondés dans le reproche plus grave que vous lui faites dans la même feuille de dénaturer entièrement l'air :

> Armez-vous d'un noble courage, etc., etc.

« Cette assertion singulière très offensante pour l'actrice célèbre qui rend admirablement le rôle de Clytemnestre, m'a extrêmement surpris, je m'y attendois d'autant moins que jusqu'ici ce rôle et particulièrement cet air n'avoient point été rendus à la satisfaction des auteurs, et que M^mo Saint-Huberty a saisi seule leurs intentions et ne leur laisse rien à désirer.

« Je puis vous certifier, Messieurs, que M. Glück a toujours désiré et demandé que cet air fut moins chanté que parlé, et que les deux premières phrases de la première partie en fussent exécutées d'un mouvement lent et marqué, et que le mouvement en fût accéléré par gradation comme le changement du rythme l'indique. Mais personne n'ignore que pour l'exécution vocale de ses ouvrages, M. Glück n'a pas toujours obtenu ce qu'il désiroit.

« Vous vous trompez, en croyant pouvoir appuyer votre opinion sur le caractère que vous supposez à *Clytemnestre*, mais ce caractère n'est pas celui que je lui ai donné. Les sentiments dominants dans l'âme de l'épouse d'Agamemnon sont particulièrement la fierté et la hauteur... la dignité de *Clytemnestre* est offensée, elle veut être vengée, elle appelle même la vengeance, mais elle ne se permet point la colère : ce sentiment la dégraderait à ses propres yeux.

« C'est d'après ce caractère donné et saisi par M. Glück, que ce grand maître a fait cet art déclamatoire et sublime dans toutes ses parties.

« Je crois qu'il seroit inutile, Messieurs, d'étendre davantage ma réponse à vos critiques peu réfléchies; pardonnez-moi cette expression qui ne peut être trouvée impolie, et permettez que Mme Saint-Huberty trouve ici, de la part des auteurs d'*Iphigénie*, un témoignage public de leur admiration et de leur reconnaissance pour la supériorité sublime avec laquelle elle rend le rôle de Clytemnestre.

« J'ai l'honneur d'être, etc.

« Signé : L. B. D. R.,

« *auteur de l'Iphigénie en Aulide.* »

XXX

Les années se succédaient, et à chaque nouvelle année, les ennuis du malheureux Dauvergne aux prises avec l'omnipotence croissante de la Saint-Huberty ne faisaient que grandir. Veut-on pour l'année 1785 des études pour ainsi dire prises sur le vif des tribulations d'un directeur de l'Opéra de ce temps ? Les lettres de Dauvergne les donnent dans le détail le plus secret, le plus intime.

Le 22 mai 1785, la Saint-Huberty avait promis à son directeur de chanter le lendemain *Armide*. Dauvergne rentre chez lui tranquille, et donne le lendemain matin des ordres pour la représentation du soir. A onze heures la chanteuse lui fait annoncer qu'elle est hors d'état de chanter, qu'il vient de lui prendre une extinction de voix, qu'elle lui fera dire à deux heures si décidément elle pourra paraître le soir : oui ou non. On ajoute qu'elle est en train de faire un remède qui lui a toujours réussi. A midi, le bailli du Froulay, sortant de chez l'artiste, vient officieusement dire à Dauvergne que la voix manque à tout moment à son amie, mais que si d'ici quatre heures la voix lui revient, elle « fera un effort ».

Là-dessus envoi de Francœur pour la décider à faire cet effort. Et encore des allées et des venues sans réponse positive. Dauvergne très inquiet pour la représentation, et ne sachant où donner de la tête, prend le parti de faire chercher la Maillard, la décide, en dépit d'une certaine peur, à tenter le rôle. A l'instant même, la Suze le lui fait répéter. On reconnaît qu'à la rigueur la Maillard peut se risquer. Chalay, le costumier est sur l'heure averti de lui préparer un habit sans faire aucun changement à l'habit de la Saint-Huberty. Nouvelle ambassade de Francœur près de la Saint-Huberty pour lui communiquer et lui faire agréer les arrangements pris pour la remplacer. Et Dauvergne, qui tremble que la Maillard ne prenne peur et ne revienne sur sa résolution, la garde à dîner chez lui avec la Suze, Parent, Francœur, qui, le couvert enlevé, lui font répéter les morceaux dont elle n'était pas sûre. On est à l'Opéra à

quatre heures, où l'on trouve la domestique de
la Saint-Huberty qui annonce qu'elle ne chantera décidément pas. Dauvergne la fait prier de
venir au moins à l'Opéra pour donner quelques
indications, quelques conseils. La Saint-Huberty
ne se dérange pas. Et la Maillard joue tant bien
que mal, au milieu des chuchotements de la
salle désappointée, qui murmure que la Saint-
Huberty n'est pas le moins du monde malade,
mais qu'elle est en train d'étudier les opéras-
comiques qu'elle doit chanter en province.

Cela se passe le 23 mai; le 27, au moment
du départ de la chanteuse pour la province,
c'est une autre histoire. A quatre heures et
demie, avant la représentation, Dauvergne est
dans sa loge. Il lui demande ce qu'elle veut chanter le mardi suivant, en lui témoignant le désir
que ce soit encore une fois DIDON. La Saint-
Huberty de s'écrier qu'il lui est impossible de
chanter de suite trois grands rôles, et que, du
reste, DIDON ayant été affiché « pour la dernière », le public ne viendrait pas, sachant qu'elle
devait partir dimanche soir après la représentation. Dauvergne de lui répondre : que l'affichage
de DIDON est une bévue de la Suze qui avait
confondu avec le ballet de LA CHERCHEUSE D'ESPRIT,
ainsi que pouvaient l'attester Gardel et Mlle Guimard, mais que l'erreur est très facilement répa-
rable par une annonce dans les journaux, et

Dauvergne d'ajouter qu'en province elle joue tous le jours. A quoi la Saint-Huberty réplique assez aigrement qu'en province elle ne joue le grand opéra que deux fois, et le restant de la semaine l'opéra-comique. Là-dessus elle déclarait qu'elle ne jouerait pas mardi. Et l'on se quittait, Dauvergne lui annonçant qu'il reporterait alors la représentation au vendredi, fort de l'engagement qu'elle avait pris avec le ministre de jouer quatre fois avant son départ.

A la suite de ce colloque, Dauvergne recevait la visite du valet de chambre de l'actrice, qui venait savoir s'il avait donné des ordres pour les habits que la Saint-Huberty exigeait qu'on lui prêtât pour ses représentations en province. Dauvergne disait au valet de chambre que les habits du Roi de l'Opéra n'étaient pas faits pour être usés sur les spectacles de province. Sur quoi le valet de chambre répondait majestueusement que ce prêt entrait dans les conventions que sa maîtresse avait faites avec l'Opéra.

Ce prêt des habits, et de dix habits, s'il vous plaît, tenait fort au cœur à la Saint-Huberty; elle se plaignait qu'on voulait la ruiner, si on la forçait à s'acheter pour 12,000 francs de costumes; elle invoquait le précédent de Legros et d'autres. Elle y mettait une telle insistance, que M. de la Ferté était obligé d'écrire : « ... A l'égard des habits demandés par Mme Saint-Huberty, son

valet de chambre — puisque valet de chambre il y
a — a eu tort de vous dire que c'étoit une des conventions faites par sa maîtresse avec l'Opéra… On
a pu se prêter à lui accorder le prêt d'un habit ou
deux, mais la demande de dix habits que fait son
valet de chambre me paroît des plus indiscrètes.
Apparemment Mme Saint-Huberty pense qu'on ne
jouera pendant son absence aucun des ouvrages
où ils sont nécessaires. »

Le lendemain de l'altercation dans la loge,
Mme Saint-Huberty, en pleine assemblée générale,
faisait une terrible scène à Dauvergne, disant que
si elle se rendait plus utile en province, c'est qu'elle
y était mieux payée, qu'elle y gagnait 30,000 francs,
qu'on n'avait qu'à la payer ainsi, et qu'alors elle
ferait des efforts, et mille autres impertinences.

Et ce n'était point encore fini le 26 mai. Dauvergne, qui savait que la Saint-Huberty avait
écrit au ministre et qui redoutait au fond l'effet
de sa lettre, avait été à Versailles le matin. Il
arrivait lui demander si c'était ARMIDE ou DIDON
qu'elle comptait jouer le mardi ou le vendredi.
Elle lui disait que c'était bien inutile, que l'annonce de son nom n'attirerait personne, que personne ne voudrait croire qu'on lui ferait l'injustice de la retenir. Et criant, et se plaignant à la
fois d'une manière enfantine, elle répétait dix
fois que tout le monde la tourmentait, qu'elle
savait bien qu'il avait été à Versailles pour sol-

liciter une lettre de cachet contre elle. Dauvergne se défendait de pareille chose, lui déclarant qu'il avait fait le voyage seulement pour la décider à jouer une quatrième fois, et là-dessus tirait de sa poche des ordres écrits de la main du ministre qu'il avait mission de lui communiquer. La Saint-Huberty se récriait, disait qu'on lui demandait des choses déraisonnables, qu'elle finirait par se lasser, puis enfin se soumettait; mais, par une dernière taquinerie, refusait de jouer DIDON et choisissait ARMIDE.

XXXI

Les mois de juin et juillet de cette année 1785, la Saint-Huberty les passait dans le Midi. Elle donnait à Marseille vingt-trois représentations qui étaient à la fois une suite de *bains de vapeur* et d'ovations comme on n'en rencontre pas dans les annales du théâtre[1].

La ville de Marseille, dans le chaud enthousiasme de cette terre musicale et chantante, de

1. Le samedi 25 juin, IPHIGÉNIE EN TAURIDE, de Glück; le 26, ALCESTE : puis ARMIDE, RENAUD et tous les chefs-d'œuvre du répertoire. Elle se faisait également applaudir dans l'opéra-comique. Le 21 juillet, pour satisfaire l'enthousiasme qui allait toujours croissant, elle dut paraître deux foisle même jour : à cinq heures dans la BELLE ARSÈNE, opéra-comique de Monsigny, et à dix heures dans ARIANE, grand opéra de Molines, musique d'Eldermann. (Note communiquée par M. Signoret et tirée de l'Histoire encore inédite du théâtre de Marseille, par M. Cauvière).

cette patrie des troubadours, offrait à l'artiste
lyrique de l'Académie royale une fête sur la
mer, digne d'une souveraine. Vêtue d'un costume antique, la nouvelle Cléopâtre naviguait,
emportée par les bras de huit rameurs habillés
à la grecque, dans une galère portant le pavil-
lon de Marseille, que cortégeaient plus de deux
cents gondoles chargées d'un monde avide d'ap-
procher la cantatrice de tout près. Elle assistait
à une joute où elle décernait de ses mains le prix
au vainqueur. La ville l'amusait après du plaisir de la pêche dans un grand filet qu'on ne
pouvait retirer à cause de l'affluence des curieux.
A son débarquement dans les vivats et les dé-
charges de boîtes d'artifice, elle était saluée par
les acclamations du peuple qui, autour de la
femme couchée sur une façon de « triclinium »,
se mettait à danser au son des galoubets et des
tambourins. On conduisait la diva à travers une
haie de pavillons illuminés, en une maison de
plaisance, où elle reposait quelques instants
dans une salle de verdure, éclairée de feux de
couleurs. La Saint-Huberty entrait ensuite sous
une tente où était dressé un petit théâtre. Là
une pièce allégorique se jouait en son honneur,
et Apollon la couronnait de son laurier comme
la « dixième » Muse. Pendant le bal qui suivait,
la cantatrice avait son siège sur une estrade
entre Melpomène et Thalie. Puis un souper splen-

dide[1], un souper de soixante couverts avait été servi dans une salle fermée par une grille de bois, défendant l'idole contre les approches de la foule qui l'eût étouffée. Au dessert, la Saint-Huberty chantait quelques couplets en patois provençal, le peuple faisait chorus. Alors c'étaient des salves d'applaudissements, un délire, une folie, s'étendant au loin dans la campagne[2].

La Saint-Huberty quittait Marseille, l'impériale de sa voiture chargée écrasée, de plus de cent couronnes dont quelques-unes avaient un très grand prix[3].

XXXII

La triomphante cantatrice ne trouvait pas, après cette ovation de Marseille[4], l'accueil qu'elle

1. La fête avait lieu au quartier d'Arenc, dans le local du Château-Vert, mais ce ne fut pas le cuisinier du Château-Vert qui fit le souper. On s'était adressé à l'illustre Arquier, l'artiste culinaire le plus renommé en ville, le même qui cuisina plus tard les dîners donnés par la ville de Marseille à Mirabeau et à Bonaparte.

2. *Correspondance littéraire de Grimm*. 1830, vol XII. — *Mémoires secrets de la République des Lettres*. 1786, vol. XIX.

3. Partie le 4 ou 5 juin pour son congé annuel de deux mois, la Saint-Huberty était de retour, selon sa promesse, le 5 août à 4 h. et demie. En dehors des représentations, elle se mettait de suite à l'étude des trois opéras qu'elle devait chanter pendant le voyage de Fontainebleau.

4. Voici une lettre de la Saint-Huberty adressée au comte d'Antraigues et qui a rapport à son séjour à Marseille :
« *Je suis à Marseille anéantie de chaleur, j'ai encore* 16

attendait de Paris. Le public de l'Opéra se fatiguait des absences et des ingratitudes de la
diva. Il reprochait à son talent de trop faire pour
la province et pas assez pour Paris. Il commençait à comparer sa voix, qui n'avait pas sa fraîcheur d'autrefois, avec les voix de la Maillard,
de Mlle Dozon[1], de la jeune Mulot. Il arrivait

*représentations à jouer ici, de là j'irai à Lyon, j'en donnerai
8, puis je partirai pour Paris. Voici ma vie d'ici au 10 auguste
(août)). Vous savez sûrement l'événement de M. Pilâtre qui est
tombé des nues avec son compagnon de voyage, et l'interruption des journaux. Aucune autre nouvelle à vous apprendre,
sinon que les jurats de Bordeaux, au moment où l'on alloit
donner la pièce du Mariage de Figaro, ont ordonné qu'elle ne
fût pas jouée. On dit qu'un des Brid'Oison n'a pas voulu se
voir jouer.*

*« Si vous craignez de m'ennuyer, monsieur, quelle peur
doit être la mienne en vous écrivant. C'est me dire poliment
d'être brève : j'obéis. J'avois à cœur de vous instruire de ce
que vous me demandez dans votre lettre du 19 juin. J'espère
que votre santé sera meilleure au moment où vous recevrez
ma réponse, elle seule a pu troubler le plaisir que j'ai eu à
recevoir de vos nouvelles. J'ai l'honneur d'être votre très
humble servante sans préjudice de mon titre auprès de vous.*

(Lettre autographe de la collection de M. Champenon.) En
réponse à ce billet, dans une lettre de la Bastide datée du
9 juillet 1785, d'Antraigues la traite de méchante, et la prie
de lui annoncer son départ de Marseille pour aller la retrouver à Lyon.

1. Les *Mémoires secrets* imprimaient à la date du 19 avril 1785 :
« Depuis la retraite de Mlle Duplant, Mme Saint-Huberty s'est
avisée de vouloir prendre ses rôles. Elle a commencé par
Iphpigénie en Aulide où elle fait celui de Clytemnestre. Elle y
a paru pour la troisième fois aujourd'hui et non seulement
sans succès, mais avec une défaveur marquée. Elle le dénature
absolument : la faiblese de son organe ne lui permettant pas
de s'élever aux tons forts et véhéments qu'il exige, l'orchestre
est obligé de se proportionner à son articulation molle et
rallentie, encore le couvre-t-il le plus souvent. Ce rôle perd
dans sa bouche la plus grande partie de son énergie et Glück
n'est plus reconnaissable.
« Il n'en est pas de même de la nouvelle actrice Mlle Dozon

même, et pas plus tard que l'année suivante, qu'elle recevait si peu d'applaudissements à sa rentrée de son congé de deux mois, qu'elle se troublait, et s'accusait après la représentation d'avoir mal chanté, parce qu'elle avait tremblé : ce qui donnait à rire à tout le monde autour d'elle, personne ne lui reconnaissant une grande timidité.

Et la cour qui lui avait été si favorable, et la Reine qui s'était montrée pour elle une protectrice si ardente retiraient à l'actrice leur puissant appui. En septembre 1785, le duc de Fronsac demandait au directeur de l'Opéra de négocier un raccommodement entre Sacchini et la Saint-Huberty, et de décider l'auteur à donner à la grande cantatrice le rôle d'*Iphise* dans DARDANUS, rôle qu'il destinait à Mlle Dozon. Dans l'entrevue de Dauvergne avec Sacchini, le com-

qui, peu au fait du personnage d'Iphigénie la première fois, se l'est rendu propre dans les représentations suivantes ; sa jeunesse et la fraîcheur de sa voix s'accordent à merveille avec les grâces qu'il exige... »

Et c'était dans le temps où les couplets de Champenetz sur les ridicules du jour étaient dans toutes les bouches et que tout Paris fredonnait :

> Que par esprit de parti,
> On claque Saint-Huberti
> Qui n'a pour toute manière
> Qu'une tête minaudière
> Avec un fosset discort ;
>   C'est fort,
> Mais ça m'est égal encor,
> Moi je hais la voix glapissante,
>   J'aime qu'on chante.

positeur tenait bon, déclarait que le rôle d'*Iphise* n'était point un rôle de force, mais de princesse innocente, que Mlle Dozon y était parfaitement à sa place. Et par quelques paroles échappées à Sacchini, Dauvergne percevait que la Reine désirait qu'il en fût ainsi.

Arrivait le séjour de Fontainebleau, où la Saint-Huberty jouait le rôle de PÉNÉLOPE dans le nouvel opéra de Marmontel. L'opéra, en dépit du talent de la Saint-Huberty, avait si peu de succès, que Marmontel voulait le retirer et ne renonçait à cette volonté que sur la remarque qu'on lui faisait que les opéras joués à la cour appartenaient à l'administration.

Le succès de l'opéra de PÉNÉLOPE n'était point fixé aux premières représentations de Paris. Il donnait tout d'abord lieu à une guerre d'épigrammes contre le libretto de Marmontel, qui, le malheureux auteur! ne semblait pas avoir à se louer du soin avec lequel Dauvergne avait monté son œuvre, ainsi que le témoigne ce fragment d'une lettre inédite à la date du 23 mars 1786 :

« ... Mais cette vilenie n'est rien en comparaison de celle qu'on nous a faite à l'Opéra. Imaginez-vous d'abord toutes les guenilles du magasin employées à vêtir nos acteurs et la mesquinerie la plus indécente dans les décorations, tandis que l'on prodiguoit les dépenses les plus immo-

dérées pour mettre au théâtre Dardanus et Panurge. Mais Mme Saint-Huberty décoroit seule
notre spectacle, et il avoit un plein succès. Il
a fallu, pour le dégrader, faire ce qu'on n'avoit
jamais vu, nous ôter tous nos premiers acteurs
et environner notre sublime actrice de tout ce
qu'il y avoit de plus mauvais à l'Opéra. Encore
le public, tout indigné qu'il étoit de voir avilir
un bel ouvrage, ne l'a-t-il pas abandonné! Pour
lui porter le dernier coup, on a fait courir dans
les foyers et dans les cafés que Mme Saint-
Huberty quittoit elle-même son rôle. Elle a été
obligée de protester publiquement le contraire
et cette protestation a été imprimée dans les
journaux.

« Enfin, on a pris le parti désespéré d'interrompre cette odieuse PÉNÉLOPE, quoiqu'il eût
encore cent louis de recette, et Dardanus, Panurge, Alceste sont restés maîtres du théâtre! Ce
misérable Dauvergne n'a pu dissimuler sa rage
contre Mme Saint-Huberty à cause du zèle qu'elle
nous avoit marqué. Il lui a dit dans le foyer les
plus grossières injures. Elle lui a répondu par
les épithètes qu'il mérite si bien et a demandé
son congé. On dit que le ministre l'a apaisée,
en lui écrivant qu'elle ne recevroit d'ordre que
de lui seul immédiatement. Il paraît qu'il n'y
a qu'une voix sur le compte du directeur et
tout le monde s'accorde à le reconnoître pour

une bête, pour un fourbe, pour un brutal[1].

Au fond dans cet opéra, — quelle que fût sa mauvaise fortune, — la Saint-Huberty remporta un incontestable succès près des vrais juges et des fins dilettantes. L'actrice qui, sous la figure de Didon, s'était révélée dans la passion brûlante, la tendresse voluptueuse, la plainte amoureuse, le noir désespoir, apportait, sous la figure de Pénélope, l'émotion de la sensibilité conjugale et maternelle.

> Reine captive,
> Mère craintive,
> Épouse en pleurs.
> A quels malheurs
> Le ciel me livre.
> Cessez, cruels, de me poursuivre ;
> Ou je succombe à mes douleurs.

Dès ce premier air, l'actrice s'emparait du spectateur, et dans le vers

> Reviens, mon fils, reviens,

la Saint-Huberty mettait le doux débordement du cœur d'une mère.

---

1. Lettre autographe signée de Marmontel (de mon ancienne collection). — Dans ses *Mémoires*, Marmontel dit : « La belle musique de Piccini manqua presque tous ses effets. Saint-Huberty la relevait, aussi admirable dans le rôle de *Pénélope* qu'elle l'avait été dans celui de Didon, mais quoiqu'elle y fût applaudie toutes les fois qu'elle occupait la scène, elle y fut si mal secondée, que ni à la cour ni à la ville cet opéra n'eut le succès dont je m'étais flatté. »

Après le rôle de Didon, le rôle de Pénélope
était la seconde grande création originale de la
Saint-Huberty et comme les adieux d'un admirable talent sur la scène lyrique.

XXXIII

Un des rôles émotionnants que dans les
dernières années de sa carrière lyrique joua
Mme Saint-Huberty, et qui semble avoir laissé
une grande et profonde impression dans la
mémoire de ses contemporains, fut le rôle de
Phèdre dans la tragédie lyrique représentée sur
le théâtre de l'Académie royale de musique, le
mardi 21 novembre 1786[1].

Et sur cette tragédie lyrique je ne connais
pas d'appréciation plus vivement ressentie et
mieux définie comme sensation, que celle expri-
mée par Restif de La Bretonne dans deux de
ses *Nuits de Paris :*

« Saint-Huberty, il faut l'avoir vue pour concevoir quelle peut être la grandeur, l'expression
puissante de la Melpomène lyrique. Actrice sublime, dans Athènes ou à Rome on t'eût élevé
des autels. Je t'ai vue dans *Phèdre.* Tu surpas-

---

1. Une autre création des plus remarquées de la cantatrice
fut son rôle d'*Iphigénie en Aulide* qu'elle joua, chose curieuse,
dans sa charmante ingénuité, après avoir joué Clytemnestre.

sais Clairon, tu surpassais Dumesnil. Je n'aurais pas cru que la muse lyrique pût aller jusque-là. Comme tu sais remuer l'âme, comme tu as l'art de donner à tes accents le naturel de l'expression parlée, adoucie, rendue plus agréable par la mélodie. Avant toi, il y eut à l'Opéra des chanteuses, des actrices même. Il n'y eut jamais une tragédienne parfaite. »

« Comme Saint-Huberty m'enchanta par le noble, le réfléchi sombre, l'abandon douloureux et quelquefois convulsif (mais qui doit l'être dans *Phèdre*) de son jeu sublime et terrible. O femme, qui t'a donné ce talent, dis-moi, qui t'a montré Phèdre vigoureusement affligée, comme on l'était en ces temps de force et d'énergie ! Je revins transporté ! Pendant la soirée, la nuit, le reste de la semaine, du mois, je ne voyais que la véhémente Saint-Huberty peignant en traits de feu l'amour incestueux, et gravant ses remords effrayants dans ma tête et sur mon cœur[1]. »

1. Aux *Archives nationales* existe une lettre dans laquelle la direction de l'Opéra se plaint que pour la première représentation de *Phèdre*, Saint-Huberty, pour elle seule, ait apporté une liste de 30 ou 40 personnes.

Et lorsque la pièce est jouée, et jouée avec un grand succès, à Paris le 21 novembre 1786, la capricieuse artiste ne met pas de complaisance à la chanter toutes les fois qu'on le voudrait, ainsi que le témoigne cette lettre :

« 4 décembre 1786,

« J'attends dans ce moment des nouvelles de Saint-Huberty qui a couché à Versailles samedi et qui n'étoit pas arrivée

XXXIV

Depuis quelques années, la Saint-Huberty a pris à l'Opéra le rôle du patronage et de la protection. Elle a ses créatures. C'est sur les recommandations de ce premier sujet du chant que les grâces et les faveurs s'obtiennent, c'est par l'ascendant de la chanteuse sur le ministre, par l'action des nombreuses et remuantes amitiés de ses admirateurs que les prétentions, les résistances de ses protégées triomphent de Dauvergne et des décisions du comité. Dès l'année 1783, à propos de la vieille danseuse comique Peslin, « hors de combat » et conservée sur les états depuis longtemps par une espèce de miséricorde, et à laquelle le comité venait de signifier sa retraite, la Saint-Huberty, devenue le porte-parole de l'Académie royale, écrivait au ministre cette lettre dont le ton menaçant n'échappera pas :

« *A mon retour de Lille*[1], *j'apprends que le*

hier à huit heures du soir. Comme les auteurs de *Phèdre* ont désiré que leur opéra fût affiché pour demain, il l'a été.

« J'apprends à l'instant qu'elle n'est pas arrivée et qu'elle a écrit hier à son domestique qu'elle étoit restée à Versailles très incommodée, qu'elle n'arriveroit que ce soir, ce qui me détermine à faire dire dans l'instant au sieur Boulet *d'équiper* le théâtre pour pouvoir donner demain *Armide* au lieu de *Phèdre.* »

1. Mᵐᵉ Saint-Huberty qui avait joué, en mars 1782, à Lille

comité a envoyé à Mlle Peslin sa démission. Je sais que vous n'êtes pas instruit de la manière malhonnête avec laquelle il s'y est pris, et ces messieurs ignorent combien peu ils sont faits pour s'ériger en maîtres. Nous n'en désirons que de supérieurs à nous. Aussi j'ai recours à votre justice pour révoquer l'arrêt rendu par ces messieurs contre Mlle Peslin. Ils osent se servir de votre nom pour faire des infamies. Ils savent aussi bien que moi combien elles sont éloignées de votre pensée, mais ils s'imaginent que personne n'aura la hardiesse de vous représenter la leur. Ma franchise et l'amour du bien me font mettre sous vos yeux ce que beaucoup de mécontents n'osent faire. J'espère qu'en faveur de ces deux objets, Monseigneur voudra bien s'éclaircir du sujet qui me fait l'importuner et nous rendre nos droits sans nous humilier, en les recevant par d'autres que par nos supérieurs qui sont seuls faits pour nous diriger[1]. »

Le ministre voulait bien répondre à la Saint-Huberty que c'était uniquement à sa considéra-

---

avec Lays et Rousseau y revenait jouer avec les mêmes artistes en 1783, pendant la semaine de la Passion, la dernière semaine de la saison théâtrale. Elle y jouait le 7 avril IPHIGÉNIE EN AULIDE ; le 8, ROLAND ; le 9 ÉCHO ET NARCISSE ; le 11 IPHIGÉNIE EN TAURIDE, et le 12, jour de la clôture, ALCESTE. *Histoire du théâtre de Lille depuis sa fondation en 1696, jusqu'à nos jours par Léon Lefebvre.*

1. *Archives nationales*, C¹. Registre 638. Copie de lettre.

tion qu'il se déterminait à faire quelque chose
pour la danseuse Peslin[1].

Un beau jour cette liaison intime avait sa fin
dans un procès à propos d'un prêt d'argent. Le
19 mai 1785, la Saint-Huberty adressait à la
Peslin cette lettre :

*« L'amitié que nous nous étions témoignée
réciproquement me faisoit espérer qu'elle seroit
durable, ou au moins exempte de mauvais pro-*

1. Il y aurait eu même une entrevue avec le ministre, que
le Contour raconte ainsi dans son numéro 3 : « Trois de nos
actrices de l'Opéra se sont rendues à l'audience de M. de
Breteuil. La Saint-Huberty, celle dont Mlle Arnoult appelle le
chant un *traîné précieux*, la Saint-Huberty qui croyoit qu'un
ministre à l'audience avoit le même visage qu'un ministre à
l'Opéra. Il lui demande qui elle est. La chanteuse toute inter-
dite de n'être pas connue, lui répond : Je suis, Monseigneur,
Saint-Huberty de l'Académie Royale de musique... Mademoiselle, vous avez un très joli talent et une très mauvaise tête.
Il s'adresse ensuite à la Peslin et lui fait la même question.
Elle se nomme. Le ministre lui demande ce qu'elle veut.
Monseigneur, je vous prierai de vouloir bien me laisser
danser encore un an à l'Opéra... Cela ne se peut, mademoiselle, il y a déjà trois ans que vous devriez en être dehors.
Mlle Saint-Huberty, qui venoit pour appuyer la même demande,
fut fort étonnée quand le ministre lui dit que, si elle vouloit
chanter les huit jours de la semaine (elle devait partir le
mardi pour chanter en province), il permettroit à Mlle Peslin
de danser à l'Opéra, quand elle voudroit, quoique sans être
portée sur l'état de l'administration ; alors la D^lle Saint-
Huberty a tourné le dos et s'est retirée. Vint le tour de
Mlle Guimar à qui M. de Breteuil, après avoir loué son talent,
dit qu'elle devroit cependant être raisonnable. Depuis longtemps le public amateur des vrais talens lui avoit donné ce
conseil. Mais les applaudissements qui lui sont prodigués, par
la loge au-dessous de celle du roi, toutes les fois qu'elle passe
devant, la flattent un peu trop pour lui faire croire qu'elle
n'est pas toujours la Guimar. Quoi qu'il en soit, les deux
actrices n'ont pu gagner le ministre, et Mlle Peslin est remer-
ciée. »

cédés de part et d'autre ; le malheur n'avoit jamais paru vous porter au point d'oublier les engagements sacrés que vous aviez avec moi. Cependant depuis que je vous ai prêté la somme de trois mille trois cent seize livres, je ne devois pas m'attendre que vous les ayant demandés, il y a près de huit mois, sur un argent que vous ne deviez pas même toucher vous n'eussiez pas eu même la bonté de me répondre à ce sujet et même que vous ayez évité les occasions de me voir. Je n'ai d'autre titre que votre promesse et les personnes devant lesquelles vous êtes convenue d'avoir reçu cette somme, et votre fille, et un mot arraché à Mlle Daniel qui en ont été les témoins.... Vous savez les peines et les travaux forcés qui m'ont acquis cette somme qui étoit précieuse pour moi, puisqu'elle vous a été utile, et que c'étoit tout ce que je possédois, je ne puis croire que vous ayez le dessein de m'en priver... »

Elle termine en lui disant qu'elle est dans le plus grand besoin d'argent en ce moment, et lui demande si elle ne peut lui remettre la somme entière ou la moitié de la somme, ou lui faire un billet payable à un an et exigible au mois de mai 1786.

Ne recevant pas de réponse satisfaisante de la Peslin, elle écrit à son procureur au parlement, M. Potel :

« Vous savez que j'ai prêté de l'argent à Mlle Peslin, de l'Académie royale de musique. Je crois qu'elle n'a pas envie de me le rendre et moi j'ai la plus grande envie de le ravoir. Je vous envoye les lettres que je lui ai écrites à ce sujet et le montant de la somme que le lui ai prêtée, je voudrois que cela s'arrangeât à l'amiable, parce qu'il est toujours fâcheux d'avoir eu des amies un peu hazardées sur l'article de la probité ; si elle est de ce genre, il faudra bien avoir recours à ses pensions chez le Roi et de l'Académie royale de musique et chez M. le prince de Conti. »

Aux réclamations de la Saint-Huberty transmises par son procureur, la Peslin répondait que c'était la Saint-Huberty qui était sa débitrice, et la forçait de se défendre d'avoir trop souvent dîné chez elle. Elle était obligée d'écrire à M. Butigny, son procureur au Châtelet :

« Que jamais je n'ai été en pension chez elle, qu'à la vérité j'y ai mangé assez fréquemment, mais seulement à titre d'amitié et de voisinage, ayant ma demeure près d'elle et sur ses instances réitérées ; qu'habituellement je mangeois chez moi et m'y faisois servir par un domestique qui me servoit de cuisinier et de tout, en un mot que je n'ai jamais été chez Mlle Peslin qu'à titre

*d'amie, et d'offrir mon serment. Paris, ce
8 mars 1787[1]. »*

XXXV

En 1786, la Saint-Huberty s'était prise d'une belle passion pour la Gavaudan cadette. Pourquoi ? on ne le savait guère. Car l'année précédente, la Gavaudan avait été mise à l'amende de 300 francs pour s'être refusée à chanter un rôle dans un opéra, à la suite de l'acte d'ARIANE, donnant pour motif que la Saint-Huberty en reprenant Ariane, lui avait volé un rôle qui lui appartenait. Apparemment que, depuis ce temps, la Saint-Huberty avait trouvé le moyen de se faire pardonner, et une tendre intimité s'était établie entre les deux femmes.

Dans le feu de cette amitié, — au mois de septembre 1786, — on mettait en répétition à l'Opéra la TOISON D'OR, et la Gavaudan était chargée du rôle de *Calliope*. Sur son refus formel de chanter le rôle, le ministre écrivait de la mettre en prison. Voilà donc la Gavaudan à la Force, et la Saint-Huberty furieuse, envoyant dire à Dauvergne qu'elle allait employer toutes ses protections pour le faire chasser honteuse-

1. Lettres de l'ancienne collection d'autographes de M. Léon Sapin, appartenant aujourd'hui à M. J. A. Doucet.

ment de l'Opéra. Dauvergne répondait froidement
au plénipotentiaire chargé de lui signifier la
mauvaise humeur de la première chanteuse,
qu'il faisait un grand cas de son talent, mais
le plus grand mépris de sa personne.

Là-dessus, le compositeur Lemoyne, l'envoyé
de la Saint-Huberty, et qui apparaît en ces années comme le complice de toutes les petites
machinations de l'actrice contre la direction,
demandait à Dauvergne de faire sortir la Gavaudan de la Force, de bonne heure sur les midi,
pour qu'elle pût dîner et répéter son rôle d'*Œ-
none* chez la Saint-Huberty, avant la répétition
générale. A quatre jours de là, le 13 septembre,
la même demande avec son exigence impérieuse
se reproduisait. Quidor, l'agent de police ordinaire des expéditions contre le monde de la galanterie et du théâtre, menait la Gavaudan dîner
et répéter chez la Sáint-Huberty, venait la reprendre à cinq heures pour la conduire au théâtre, d'où il la ramenait après la représentation
à la Force. Les deux femmes, mises en joie par
le dîner en tête à tête, arrivaient au théâtre
apportant une gaieté charmante, et la Saint-
Huberty disait le diable de la Toison d'or, pro-
clamant bien haut que la Gavaudan faisait très
bien de ne pas chanter dans un si mauvais opéra.
La Saint-Huberty venait d'écrire de sa meilleure
encre une lettre à M. de La Ferté et attendait

pleine de confiance. La Gavaudan, qui comptait sur l'effet de la lettre de sa puissante amie, et à laquelle on permettait à la Force « de faire bombance avec son Gille », refusait toujours de chanter Calliope[1].

Là-dessus il arrivait à la Saint-Huberty une lettre de l'intendant des Menus. Il lui déclarait que Dauvergne n'avait agi que sur l'ordre du ministre, prenait la défense du directeur, qui, à ses yeux, « n'avoit que le malheur de déplaire à quelques personnes déraisonnables ou prévenues », puis, avec une pointe d'ironie, descendait à partager l'opinion de la chanteuse sur son amie, qu'il qualifiait d'un sujet très agréable et très essentiel pour les plaisirs du public[2], terminait enfin par cette phrase : « Quant à ce qu'il

1. *Archives nationales*, O¹. Carton 635. Lettres originales de Dauvergne.

2. Ceci me semble une allusion à l'amitié suspecte des deux femmes. La *Chronique scandaleuse des théâtres* parle d'une passion éprouvée par Mme Saint-Huberty pour une débutante nommée Voisin. Mlle Gavaudan aurait-elle succédé à Mlle Voisin ? Car la tribaderie, très commune chez les grandes chanteuses, était une des maladies de la Saint-Huberty, ainsi que le constate cette lettre de Dauvergne, à la date du 23 décembre 1786 : « J'ai appris par une personne très sûre qu'on avoit fait le choix comme aide, du Sr Hus.... Je ne connois pas le talent de cet homme, mais je connois ceux de sa fille, qui chante très bien, qui est douée d'une très belle figure, mais dont la voix n'est pas encore revenue des fatigues qu'elle a essuyées en apprenant à chanter avec la demoiselle Saint-Huberty, et de celles que lui a occasionnées le goût de cette femme par son sexe : car tout le monde sait que toutes les jeunes filles qu'elle a attirées chez elle ont été victimes de ses débauches. »

y a de dur pour moi dans votre lettre, je vous ré-
pondrai, madame, que depuis trente ans que je
suis par ma place en relation avec les spectacles,
personne ne m'a reproché ni prévention, ni
injustice. »

La Saint-Huberty, se sentant battue et ren-
contrant le ministère avec ses ennemis, arrivait
à la répétition du 16 septembre, assez penaude,
« ne regardant guère pendant tout le temps que
le bout de ses souliers ». D'un autre côté, la
Gavaudan était avisée que M. de Crosne avait
reçu l'ordre de la mettre au secret, de l'enfermer sous de vrais verrous. On se décidait à céder, et le 18 septembre, la Gavaudan prenait
l'engagement de jouer Calliope dans cette lettre :

« Les ordres du ministre, monsieur, étant
tels que ceux que vous m'avez communiqués,
je dois m'y soumettre et jouer vendredi le rôle
de Calliope dans la « Toison d'or », puisque ma
liberté est à ce prix.

« J'ai l'honneur...

Gavaudan cadette[1]. »

Était-ce la fin ? Non !
Le 22, le jour où elle devait chanter le soir

1. Lettre du 10 décembre 1783.

7

dans *Calliope*, un homme de Quidor venait à la Force pour la mettre en liberté ! La Gavaudan répondait au porteur de l'ordre qu'elle avait commandé son dîner et qu'elle voulait le manger en prison. Cela ne faisait pas l'affaire de l'homme, qui avait mission de la faire sortir. Enfin, après beaucoup de contestations et à l'aide d'un peu de violence, il la forçait de le suivre dans la rue, et là, lui disait qu'elle pouvait aller où bon lui semblait. Elle rentrait à la Force, où elle déjeunait et dînait jusqu'à quatre heures et demie, sans quitter la table, arrivait à l'Opéra à moitié ivre, avait une terrible dispute avec Chanlay, qu'elle accusait d'avoir prêté sa loge à la Dozon, jurait pendant un quart d'heure, après quoi se calmait, s'habillait, et chantait gentiment.

XXXVI

Tout, avec la Saint-Huberty, devenait une difficulté et la question du costume de la reine d'opéra dans chaque nouveau rôle était une question grosse de complications et demandant souvent toute une correspondance administrative. M. de la Ferté écrit quelque part[1] : « Je viens

1. *Archives nationales*, O¹ 626.

de commander l'habit de la Saint-Huberty, mais cela est terrible. »

En 1784, toujours à propos d'un habit de la chanteuse, le comité, réuni en assemblée extra-ordinaire, le 12 novembre, avait fait au ministre le rapport suivant :

Mme de Saint-Huberty a envoyé le dessin d'un habit qu'elle désire pour chanter le rôle d'Armide.

« Le comité, considérant que le rôle dans lequel on n'a pas encore vu Mme de Saint-Huberty pourrait donner à l'ouvrage le charme d'une nouveauté, et à l'Opéra des recettes avantageuses pendant plusieurs représentations, a cru devoir donner à Mme Saint-Huberty une satisfaction qu'elle mérite, d'autant plus qu'elle veut bien être le double de Mlle Levasseur, et que l'habit qui a été fait pour ce rôle servira aux actrices qui la remplaceront, dans le cas où elle se trouverait indisposée.

« *Signé :* JANSEN DE LA SUZE,

« BOCQUET et LA SALLE. »

En marge, une plume ministérielle a écrit : « Bon pour cette fois seulement, et sans tirer à conséquence pour l'avenir, tous les sujets devant se servir indistinctement des habits qui leur sont fournis par l'administration de l'Opéra, lorsqu'ils auront été reconnus en état de servir. »

En 1786, les costumes de « Pénélope » et d' « Alceste » devenaient encore le sujet d'une lettre de M. de la Ferté, qui écrivait à la chanteuse : « Ce n'est point M. de La Laistre, Madame, qui décide des habits que l'on fait pour la cour, mais les personnes préposées par le Roi pour veiller aux costumes et aux dépenses. Je ne puis vous dissimuler que l'on a trouvé très mauvais à Fontainebleau l'habit que vous avez exigé, et que vous avez fait faire presque seule pour le rôle de Pénélope : lequel ne paraissoit nullement convenable, ni à la position de cette princesse affligée depuis aussi longtemps, ni à la magnificence de ce temps, même fabuleux. Vous avez dû voir que l'on n'a pas jugé à propos que vous vous en servissiez à Paris.... vous demandez aujourd'hui un habit plus simple pour Alceste... au reste, je vais envoyer votre lettre à M. Bocquet pour qu'il consulte M. Dauvergne et fasse exécuter ce qui sera nécessaire. Vous devez être persuadée du désir que l'on a de vous satisfaire dans les choses raisonnables et qui peuvent vous être agréables, mais en même temps vous devez sentir que vous êtes obligée de vous conformer, ainsi que font tous vos camarades, et que l'ont fait celles qui jouaient les premiers rôles avant vous, à la règle et au costume qu'on leur donnait, car si chacun voulait l'ordonner à son goût, alors il en résulteroit une confusion où l'on ne connaîtroit plus rien, et des dépenses inutiles et ruineuses pour le Roi et l'Opéra..... »

Le 27 septembre 1788, le directeur général de l'Opéra écrit à M. de La Ferté : « ... Je crois que j'aurai une grande dispute à l'assemblée du répertoire avec la demoiselle Saint-Huberty, qui veut changer le costume de Chimène, qui entraîneroit la dépense de six habits, tant pour elle que pour les quatre suivantes ; je verrai à quoi montent ses prétentions ; si elles sont trop fortes et qu'elle refuse de chanter, j'ai encore quatre « Chimène » qui pourront la remplacer : la dame Chéron, qui a débuté par ce rôle, les demoiselles Gavaudan, Lillette, Mullot. »

Dauvergne ajoute en post-scriptum : « J'apprends à l'instant que M. Moreau, dessinateur, a décidé la dame Saint-Huberty à se vêtir comme Chimène doit l'être, ce qui n'occasionnera que la dépense de son habit et m'évitera une discussion avec elle ; cependant elle demande une garniture de jais qui coûtera environ

---

1. Dans une des nombreuses lettres concernant les habits d'opéra, nous trouvons une curieuse mention du nom de David. C'est dans une lettre de Dauvergne du 31 août 1784 — « La demoiselle Maillard s'est fait faire un dessin pour son habit de Médée par un certain M. David. Elle demande comme une grâce qu'on l'exécute. » Et Dauvergne insiste pour qu'on lui accorde cette satisfaction, la demoiselle Maillard étant le soutien de l'Opéra pendant les longs congés de Mme Saint-Huberty, répétant, jouant tous les jours, ne se refusant au bien du service dans aucune circonstance. Voir du reste, pour l'histoire du costume à l'Opéra au XVIIIe siècle : *Histoire du Costume au Théâtre* et *l'Opéra secret*, par M. Adolphe Jullien.

cinq à six louis, ce qui le rendra fort cher, mais il faut le faire pour éviter ses criailleries. »

Mais en fait de toilette lyrique aucune des fantaisies de la Saint-Huberty ne semble comparable à la commande du fameux chignon de 1788.

« 2 juin 1788. — Mémoire du sieur Desnoyers, coiffeur, pour facture et fournitures d'un chignon fait pour Mlle Saint-Huberty, lequel monte à la somme de 232 livres. Ce chignon fut envoyé chez divers maîtres pour être examiné et d'après les différents dires des maîtres, on s'en est tenu au prononcé d'un dernier expert donné par Mlle Saint-Huberty.

« 1ᵉ août 1878. — Convenu que Mlle Saint-Huberty se chargera de faire examiner, par des experts, le mémoire du sieur Desnoyers, pour le chignon qu'il lui a fait pour le compte de l'Opéra.

« 1ᵉʳ septembre 1788. — Le mémoire de Desnoyers, coiffeur, qui avait été entre les mains de Mlle Saint-Huberty pour être examiné par les experts, me fut rendu, et M. Prieur eut ordre de le payer selon la première demande du sieur Desnoyers montant à 232 livres. Il fut trouvé que ce chignon était horriblement cher, et qu'à l'avenir il ne pourrait en faire sans ordre et sans en présenter l'aperçu[1]. »

---

1. *Revue rétrospective*, 1835, vol. VIII, et Archives de l'Opéra, registre de Francœur.

XXXVII

Pendant l'année 1787, la Saint-Huberty ne fait parler d'elle que par deux actes qui montrent bien la violence et l'indiscipline de son caractère.

Le samedi 13 janvier, les actrices et les acteurs étant réunis en assemblée générale pour prendre connaissance des comptes, la Saint-Huberty se levant « non comme une femme raisonnable mais comme une furie », dénonçait à l'assemblée le sieur Vion, comme incapable de tenir le bâton de mesure, déclarait que s'il paraissait davantage à l'orchestre pour y exercer cet emploi dont il était tout à fait indigne, en dépit de ce qui pourrait lui arriver, elle irait se déshabiller au lieu de chanter, sommait Mlle Maillard et Chéron de se joindre à sa protestation, déclarait enfin qu'elle signerait seule, si les autres ne voulaient pas donner leur signature. Et au bas du rapport original, l'on voit en tête et tracé d'une grosse écriture despotique l'autographe presque colère de la chanteuse[1].

Le second acte de l'actrice accoutumée à se mettre au-dessus des règlements, était une fugue

1. Rapport du 13 janvier 1787, et lettre de Dauvergne, du 14 janvier 1787. *Archives nationales*, O¹ 632 et O¹ 635.

en Alsace. A la fin de mars, avant la clôture de
l'Opéra, et sans demander congé, elle partait pour
Strasbourg, où un pli ministériel faisait défense au
directeur de la laisser jouer et intimait l'ordre
à l'actrice de revenir immédiatement à Paris[1].

Et les choses en arrivaient à ce point, entre
Dauvergne et la Saint-Huberty, que l'actrice
écrivait le 19 avril cette lettre à son directeur :
« *L'ennui, les dégoûts et le chagrin que me donnent les réprimandes et les menaces que vos
plaintes continuelles me valent auprès du ministre, bien loin d'augmenter mon courage, atta-
quent ma santé, mes forces, et finiront par faire
ce qu'on désire avec ardeur, ce sera de renoncer
à mon engagement que l'on veut anéantir et de
quitter entièrement le théâtre, car il ne m'est
plus possible de supporter de semblables vexa-
tions. Vous savez, monsieur, que je n'ignore pas
combien vous me haïssez et je dois m'attendre
à ressentir tous les effets de votre haine...* »

XXXVIII

Les grandes comédiennes, danseuses, chanteuses du xviiie siècle ont des amours retentis-
santes, et pour ainsi dire, toutes sonores de pu-

1. *Mémoires de la République des Lettres.* Vol. XXXIV.

blicité. Les brochures à la Chevrier, les mémoires secrets, les chroniques scandaleuses, racontent jour par jour l'histoire de ces cœurs ouverts, enregistrent les naissances et les morts des rapides attachements, vous donnent sans interruption la longue suite des remplaçants illustres se succédant près de ces courtisanes-artistes. Pour la Saint-Huberty, rien de pareil. Il y a, dans le papier imprimé du temps, un silence qui étonne. Les amours de la chanteuse ont-elles été sauvées de la divulgation par l'obscurité et l'indignité des hommes aimés par elle? On le supposerait d'après une page du *Vol plus haut*, qui ne donne à la reine de l'Opéra pour tenants que des hommes d'affaires juifs, comme les Frédéric, les Abraham, les Lebreton, ou de misérables musiciens du Concert spirituel comme Rameau et Desormery, amants auxquels il y aurait à ajouter le chanteur Saint-Aubin. Seul parmi les hommes de la société, le marquis de Louvois, l'homme de qualité le plus méchant de France, semble avoir été un moment son amant[1], avant que, chez la chanteuse,

---

1. La *Correspondance secrète* imprime, il est vrai, à la date du 24 mars 1783 : « Mᴵˡᵉ Laguerre avait été longtemps maîtresse du duc de Bouillon. Madame Saint-Huberty l'a remplacée dans le cœur de ce prince et dans ses droits sur sa fortune. Il vient d'acheter ses faveurs tant de fois données à bon marché pour un contrat de cent mille écus. » S'il y a eu liaison, comme l'affirme Metra, le contrat de cent mille écus me paraît plus que douteux.

naquît un sentiment durable pour un homme qui devait un jour l'épouser.

Le comte de Launai d'Antraigues, un très bel homme, au dire de Mme Lebrun, était accepté dans la société parisienne comme un descendant de l'illustre blessé, auquel Henri IV écrivait, en 1588 : «... J'espère que vous êtes, à l'heure qu'il est, rétabli de la blessure que vous reçûtes à Coutras, combattant si vaillamment à mon costé ; et si ce est comme je l'espère, ne faites faute (car Dieu aydant, dans peu nous aurons à découdre et ainsi grand besoin de vos servyces) de partir aussitôt pour me revenir joindre. » Plus tard, aux premières années de la Révolution, on taquinera bien un peu le représentant du Vivarais au sujet de cette descendance. Mais le comte Louis de Launai d'Antraigues qu'il fût un vrai descendant de l'illustre famille ou non, était incontestablement de bonne maison et sa mère était une Saint-Priest[1]. Sorti du service après une longue expa-

---

1. Dans la *Biographie universelle et portative des contemporains*, on va jusqu'à contester à d'Antraigues toute noblesse, et affirmer qu'il s'appelait Audanel, qui est l'anagramme de Launai et le pseudonyme avec lequel il a signé quelques brochures de la Révolution. Le même recueil, sur je ne sais quelle autorité, avance aussi qu'il avait été obligé de donner sa démission d'officier dans le régiment du Vivarais, pour n'avoir pas eu le courage de vider une querelle, l'épée à la main. Barau, dans son *Histoire des familles du Rouergue* (t. III, p. 693), dit au contraire que la maison de Launai, originaire du Vivarais, possédait entre autres seigneuries celle d'Antraigues, et que cette terre fut érigée en comté par lettre

triation qui lui avait valu une réputation de géographe distingué, le comte d'Antraigues vivait à Paris, une partie de l'année, dans le monde des philosophes, où il semble avoir noué des relations presque intimes avec Rousseau[1]. Il vivait avec les comédiens et les comédiennes de la Comédie-Française. Il vivait encore avec les savants, avec les Mongolfier, les Blanchard, en ce moment où les ballons tournaient toutes les têtes. Les amis parlaient déjà, tout à la fois avec mystère et admiration, de hautes spéculations politiques, de profonds mémoires, que ce jeune noble, libéral et travailleur, préparait en faveur du peuple contre la tyrannique théorie du jurisconsulte Loysel : « Que si veut le Roy, si veut la Loy. »

Le beau comte[2], avec le bruit que ses prô-

patente du mois de septembre 1668, au profit de Trophime de Launai, maréchal de camp, grand-oncle d'Emmanuel-Louis-Henri de Launai, comte d'Antraigues, député du Vivarais aux États généraux de 1789. Il ajoute cependant que, quand celui-ci sollicita les honneurs de la cour, il ne put complètement fournir les preuves exigées. Je ferai remarquer que dans les papiers et les lettres que je possède du comte d'Antraigues et du fils qu'il eut de la Saint-Huberty, le père signe *d'Antraigues* et le fils *d'Entraigues*.

1. D'Antraigues raconte une entrevue entre Rousseau et un jeune Polonais voulant délivrer sa patrie avec les moyens les plus violents. Et il cite cette phrase de Rousseau : « La liberté sans la vertu est un fléau; pour en jouir, il faut la conquérir sans crime. Votre projet me fait horreur ! »

2. Le comte d'Antraigues est représenté dans une planche de Carmontelle en compagnie de Montbarré. Il écoute le ministre, l'épée au côté, assis de travers sur une chaise, un

neurs faisaient autour de lui, avec sa verve méridionale, avec son exaltation d'imagination, avec sa chaleur de parole, passait pour un homme de génie dans une ou deux sociétés. Et en attendant qu'il se mesurât avec le ministère, il déclamait furibondement contre les despotes de l'Afrique et de l'Asie, faisant l'émerveillement de toutes les femmes étonnées de son courage[1].

A quelle époque commença entre l'homme politique et la chanteuse cette liaison qui devait se dénouer par l'assassinat des deux époux? Je ne le sais pas d'une manière positive. Cependant, suivant la lettre écrite par le comte à sa femme, après son mariage secret, leurs premières relations remonteraient à 1783. Mais le comte ne devint pas immédiatement l'amant de la Saint-Huberty. Deux lettres que je possède du comte, adressées à la chanteuse au mois de mai 1784, le montrent encore sous le jour d'un soupirant et d'un cavalier servant.

Dans la première lettre, datée du 1er mai, le comte écrit à la Saint-Huberty qu'il est chargé par Mlle Sainval l'aînée, en représentation à

bras pendant sur le dossier, et son fin profil, et son œil vif, et l'ampleur de son habit et de sa veste, et la nonchalante élégance de sa pose en donnent un portrait qui est celui d'un joli homme de cour.

1. *La Galerie des États généraux.* 1789. Antenor. — *Petit dictionnaire des grands hommes de la Révolution*, par un citoyen actif. 1790.

Rouen, de lui demander à quelle époque elle compte, cette année, chanter à Bordeaux, afin d'arranger sa tournée théâtrale, de manière à se rencontrer avec elle. Il termine en lui annonçant que Greuse sera très empressé de la recevoir le lundi suivant, à une heure, la prévenant qu'il ira le lendemain savoir si le rendez-vous lui convient.

Dans la seconde lettre, datée du 24, de Rouen, où il semble avoir été amené et par désir de voir jouer Mlle Sainval et par la chute du ballon à rames, lancé de Paris par Blanchard, il lui mande son retour pour le mercredi à midi. Comme ce n'est pas jour d'Opéra, il se présentera à l'heure de son dîner, à son petit couvert, et, si elle est seule, il lui communiquera l'exorde de ses mémoires, lui demandant de lui dire son avis avec cette franchise si rare, mais si aimable qu'elle a reçue du ciel. Il lui propose ensuite de la conduire jeudi matin, à neuf heures, au faubourg Saint-Antoine, où se trouve le ballon de Montgolfier, auquel il a donné rendez-vous. Et il termine par cette formule qui n'annonce encore rien de bien vif entre eux : « Je vous prie de me conserver votre bienveillance et d'être bien convaincue de l'estime et de l'attachement que vous m'avez inspirés.

« LOUIS D'ANTRAIGUES. »

D'autres lettres du comte datées de la Bastide, de son disert, et que veut bien me communiquer, avec une obligeance charmante, M. Campenon, nous permettent de suivre le développement de ce sentiment, et d'assister à la conversion de l'estime en un sentiment plus tendre. Dans une lettre du 8 août de la même année 1784 le comte écrit : « J'attends avec impatience le courrier qui me portera une de vos lettres, mais je prévois trop les légitimes raisons que vous avez de ne pas m'écrire ; mon seul désir est que vos forces suffisent au travail accablant que vous vous êtes imposé, et que la douce image du temps heureux où vous jouirez en paix de votre gloire et de votre fortune, puisse adoucir la rigueur du temps présent... » Et il lui envoie pour son compte cette déclaration qu'un de ses amis l'a chargé de lui transmettre : « Son talent a commencé la séduction, mais ce que j'ai cru voir de ses sentiments et de l'âme fière et sensible qui les alimente, a fini le charme, et c'est pour jamais que je lui jure amitié et dévouement. »

Dans une lettre du 1er de l'an 1785, il se plaint de la longueur de son silence, en lui disant : « Et cependant avec quelle impatience vos lettres sont désirées », et il lui envoie une traduction de Sterne de M. de La Boissière, qu'il la sollicite de lire avec attention. Dans une lettre de mai, il se fait une fête d'aller la voir jouer à son voyage de Lyon et la presse de chanter dans la pièce de son illustre ami Rousseau, LE DEVIN DE VILLAGE. Dans une autre lettre il lui annonce ainsi un séjour à Paris : « Je logerai assez près de vous. Le vicomte de Ségur, fils cadet du ministre, a une maison charmante aux Champs-Élysées, il habite le premier, il veut que je loge au second, on m'écrit qu'on m'y arrange comme une jolie femme. J'ai bien peur d'être étranger à toutes ces recherches, et de paroître aussi grossier que spartiate sans en avoir les vertus », et il termine sa lettre en lui disant qu'elle peut avoir des amis qui valent beaucoup plus que lui, mais aucun qui l'aime mieux.

En novembre, de la Bastide où il est revenu le comte écrit à la Saint-Huberty : « Je ne vous dis rien du plaisir que j'aurai de vous revoir, je vous le dépeindrois mal. En m'éloignant de vous, lors de mon départ de Paris, à peine osai-je vous parler des sentiments que vous m'avez inspirés ; ils étoient si nouveaux, nous nous connoissions peu encore, et je craignois, je vous l'avoue, que placée au milieu des distractions d'une grande ville, entourée de gens qui admirent vos talents, vous oubliassiez un homme qui aime votre cœur, vos vertus, mais qu'une distance de deux cents lieues séparoit de vous... »

Enfin dans une lettre de ce temps, en réponse

à des plaintes de la Saint-Huberty sur ses ennemis, ses envieux, ses jaloux, il lui écrit : « Je
les ai entendus (vos ennemis), il est vrai, chercher à vous donner des ridicules, vous accuser
d'aimer à amasser de l'argent, se moquer de
votre simplicité, et rire de ce que vous courriez
Paris dans un fiacre. Mais j'ai vu aussi des gens
honnêtes et fermes, vous aimer, vous admirer
à cause de cette même simplicité. Croyez-vous
qu'on puisse voir, sans attendrissement, sans
enthousiasme, une femme aimable et célèbre
sortir de chez elle dans un fiacre, lorsqu'il ne
tiendroit qu'à elle d'être traînée dans le char
doré du vice et de l'infamie. Il est beau, il est
grand de faire connoître l'honnêteté et la vertu,
dans le séjour de la bassesse, de la cupidité et
des passions les plus abjectes; il est beau de
rendre au talent tout son éclat, en l'associant aux
vertus d'une âme noble. C'est doux, pour qui
sait l'apprécier, de pouvoir se livrer au plus
juste enthousiasme; il est glorieux, pour celle
qui l'inspire, de ne point exciter dans le cœur
de ses admirateurs le regret que donne toujours
l'exercice d'un talent sublime, quand un homme
ou une femme méprisable le déploie. C'est à
vous qu'étoit réservée cette gloire unique en ce
siècle ! »

Ici l'affection du comte tourne sous une forme
lyrique à la passion, et à propos de ce dithy-

rambe, remarquons, au temps de Rousseau, le
besoin que l'amour immoral éprouve des qualités morales et des vocables les plus spiritua-
listes, et comment les femmes d'Opéra, tout
entretenues qu'elles soient, sont aimées pour
leurs sentiments purs, pour leur noble âme,
pour leur vertu, ainsi que l'écrit plusieurs fois
sérieusement le comte d'Antraigues à la Saint-
Huberty.

XXXIX.

Ce sentiment, cette intimité, cette liaison
durant sept années, pendant lesquelles les
retraites de l'homme au fond de son Vivarais,
et les tournées théâtrales de la femme à travers
la France, séparent à tout moment les deux
amants, donnent naissance à une correspondance des plus originales. La Saint-Huberty
écrit des lettres de quatre, cinq, six, sept, huit
pages, où dans le désordre et le tapage d'une
conversation de femme, après un doigt de champagne, s'entremêlent, en une prose courante,
des nouvelles de théâtre, des descriptions d'une
toilette portée la veille, des histoires drolatiques
d'une chute de ministère, des appréciations politiques, des tableaux de la rue de Paris qui s'en-
fièvre, des peintures comiques de l'ennui d'une

ville de province d'alors, des anecdotes sur les
hommes de lettres, des chroniques de ballons
perdus, des épisodes de la vie contemporaine,
des cancans, des haines, des enthousiasmes...,
des aveux curieux sur son *moi d'enfant gâté*,
des retours mélancoliques sur la fraîcheur de sa
jeunesse maintenant perdue, d'aimables boude-
ries, de jolies expansions de tendresse, de charmantes appréhensions de la mort, alors qu'elle
se sent et se sait aimée, de délicates trouvailles
amoureuses et d'ingénieux rêves pour l'avenir
de leurs amours : tout le charme un peu roucou-
lant et doucement triste de ce rabâchage senti-
mental jeté au milieu de choses triviales d'expres-
sions *canaille*, et d'implacabilités de courtisane.

Et encore, dans cette correspondance, des
silhouettes de gens enlevées à l'emporte-pièce,
des portraits de passants caricaturés à la diable,
des profils d'amies, de camarades griffées outra-
geusement; car la Saint-Huberty a, comme la
langue, la plume méchante.

XL

Dans une lettre datée du 18 septembre 1784,
une lettre qui semble être le commencement et
la naissance de leur liaison intime, elle entretient d'Antraigues de sa manière d'écrire vite et

sans prétention ; elle le gronde de lui avoir dit *qu'elle recopie ses lettres pour les corriger et faire de l'esprit.* Elle lui apprend qu'elle a été fort applaudie la veille. Elle lui fait un éloge enthousiaste de Montgolfier, lui parle du désir qu'elle a de le voir réussir, *pour avoir le plaisir de se moquer des nigauds qui, sans instruction aucune, se mêlent d'obtenir pensions et suffrages.* Elle termine en lui annonçant qu'elle a son buste chez elle et que toutes les couronnes qu'elle a reçues à Bordeaux, elle les a placées sur sa tête[1].

Les montgolfières et les ballons tiennent une grande place dans cette correspondance. Dans une autre lettre sans date, après avoir longuement entretenu de Bernardin de Saint-Pierre son amant, auquel elle demande son portrait, elle lui parle de Blanchard qui *ne cesse de se promener dans les nues,* et lui raconte que son ballon et lui étant tombés dans le champ d'un paysan hollandais, et la loi du pays déclarant que tout ce qui tombe des nues appartient de droit à celui auquel appartient le terrain, l'aéronaute a été obligé de racheter sa personne et son ballon, moyennant vingt ducats[2].

1. Catalogue d'autographes du cabinet Cap. 1849.

2. Catalogue d'autographes vendus le 25 mai 1852. — Elle n'est pas que l'admiratrice de Montgolfier et de Blanchard, elle l'est encore de Pilâtre Des Rosiers, si bien qu'elle s'est

Pendant une tournée théâtrale dans l'ouest de la France, elle fait une peinture pittoresque de Rennes et de ses habitants, « aussi mous que le temps…. Elle est logée dans un hôtel immense; c'est une ville. Ce sont les Anglais qui l'ont fait bâtir, ils ont placé des fonds sur cet établissement et ils en tirent un bon revenu. On y trouve tout ce qui est nécessaire, sans sortir de chez soi. » Puis elle ajoute avec une nuance d'ironie : « …. L'abbé m'avait priée de lui dire des nouvelles, mais ma foi, au diable s'il y en a; il faut à ces cerveaux brûlés de l'eau-forte pour leur faire exhaler leur bile ainsi qu'à toi. Mais en vérité, de rien je ne puis faire quelque chose. Avec toi, la moindre circonstance devient tragique. Tu as la facilité de monter les esprits et de détraquer les têtes. Prête-moi un peu de ton toupet et je leur ferai des histoires qui n'auront ni queue ni tête, ou si elles en ont, ce ne sera qu'en embryon. Et c'est pourtant là ce qu'on nomme énergie, le feu de l'imagination, la véhémence des passions, l'esprit exalté, enfin tout ce qu'on nomme déraison… »

engagée à chanter à l'ouverture de son Musée, au Palais-Royal, l'hymne d'inauguration en l'honneur de Buffon ; malheureusement les dames n'ayant pas voulu admettre la chanteuse dans leur cercle, la Saint-Huberty piquée, au dernier moment, s'est excusée. (*Mémoires secrets de la République des Lettres*, vol. XXVII.)

XLI

Quelques lettres, la plupart datées de Metz, lors d'une tournée théâtrale, nous initient pendant l'année 1787 à la vie intime de la Saint-Huberty, depuis le récit d'une indigestion jusqu'à la confession des plus secrètes rêveries de sa pensée amoureuse.

Dans une lettre datée du 20 juillet, la Saint-Huberty parle d'une indisposition qu'elle a eue « pour avoir mangé des fruits par gourmandise », indisposition qui l'a forcée à appeler Cabanis, le médecin de d'Antraigues. Elle se montre gentiment jalouse de la confiance que le comte lui accorde, laisse percer une légère peur de l'audace de son opposition contre le gouvernement, craint qu'il ne s'expose en se faisant nommer aux États. Sur la dernière feuille, sur une feuille découpée placée entre les lignes, elle rédige la partie secrète de la lettre dans laquelle elle l'engage à rester dans le Vivarais, redoutant que, s'il revenait à Paris, « il ne se fasse mettre à la Bastille[1] ».

Dans une autre lettre adressée de Metz, monte tout à coup sous la plume de cette violente, de

Catalogue du 26 novembre 1866.

cette fougueuse, quelque chose d'ému, de tristement tendre, d'amoureusement plaintif à la façon d'une Aissé, se pleurant d'avance dans un bout de lettre : « *Tâche un peu que Cabanis m'aime, afin qu'il me guérisse. J'ai peur de mourir depuis que tu m'as dit que tu croyais pouvoir m'aimer toujours.* »

Mais donnons toute la lettre :

« *J'ai reçu deux de tes lettres, depuis ma dernière ; je commençais à avoir une grande inquiétude, mais je ne suis guère rassurée, car je suis sûre que tu me caches la moitié de ce que tu souffres ; tu crois m'affliger moins, et je le suis davantage. Remercie le prieur de ma part, dis-lui qu'il aye bien soin de toi et qu'il m'écrive, si tu fais la moindre inconséquence qui nuise à ta santé ; dis-lui qu'il m'écrive sans que tu le saches, j'aurai l'air de l'avoir deviné... et je lui promets de ne pas le compromettre, je t'en prie, dis-lui cela. Je l'écrirai même dans une page, où il pourra le lire. Pour moi, je me fatigue beaucoup, je pars pour Metz vendredi et je n'y serai que quelques jours. De là... je partirai pour Paris où je ne resterai que très peu, tu peux toujours m'adresser tes lettres à Paris, on me les renverra où je serai : tu as bien raison de penser qu'aucun sentiment ne peut se comparer au mien.*

J'ai été obligée d'interrompre ma lettre et je

ne sais plus ce que je voulois dire ; aujourd'hui seulement je la reprends pour la finir.

« Je viens de recevoir ta lettre du 8 juin, tu te portes mieux, tant mieux. Mais c'est mon tour, j'ai un mal de tête effroyable, je pars demain matin ; je t'écrirai sitôt mon arrivée, si je le puis. Tu me fais une querelle de ne t'avoir pas prévenu plutôt du service que tu peux me rendre, je ne le savais pas encore, et peut-être quand je l'aurois sçu, j'aurois craint qu'on ne t'eût offensé en te demandant pour faire réussir ce qui me regardoit, ce que tu n'aurois pu leur promettre, tu m'entends, et moi voudrois-je, par rapport à moi, que tu sois forcé de ne rien promettre. Tu me consulterois ou moins ? Je voudrois que tu puisses faire quelque chose qui ne fût pas bien et que tu ayes assez de confiance en moi et par conséquent que j'aye assez de mérite pour t'en empêcher ; mais non tu es bien, reste ce que tu es, aies plus de vertus que moi je t'aimerai toujours par rapport à elles et plus encore par rapport à celui qui les possède.

« Je suis à Metz... Je suis arrivée, il y a trois heures, j'ai eu tant d'occupations hier que je n'ai pas seulement eu le temps de finir, et cacheter ma lettre, ainsi les nouvelles que je te donnerai ne sont pas fraîches. Il y a eu un nouvel arrêté de fait avant-hier dans la ville où j'étois, on étoit tout troublé, on croyoit que l'intendant

M. *La Porte l'apportoit avec lui, on croit le recevoir samedi, qui est demain. Je serai à Paris à la fin du mois, j'y recevrai tes lettres, je n'aurai pas le plaisir d'en lire une d'ici à mon retour, à moins que celle que tu m'as annoncée dans ta dernière ne me soit renvoyée ici. Tu as tort d'avoir fait entendre que la personne qui désiroit cette place étoit de tes parens, il n'est que le fils d'un avocat, et je voudrais que tu t'informes au juste de ce qui en est, au même homme qui t'a déjà donné des renseignemens. Ce M. de Geniès dit être de Cahors à 5 lieues de Montauban. Quand même tu ne réussirois pas dans cette affaire, il peut en naître d'autres, et le désir que tu as de m'obliger ne s'éteindra pas, j'en suis sûre, et d'ailleurs n'attendant pas après cela précisément, le manque de succès ne seroit pas aussi désagréable. Tâche un peu que Cabanis m'aime, afin qu'il me guérisse; j'ai peur de mourir depuis que tu m'as dit que tu croyais pouvoir m'aimer toujours. Je te crois autant qu'il est en moi de croire à ce qui ne dépend pas de nous, voilà ce que c'est que d'aimer les gens pour eux ou pour leurs vertus; moi je suis bien sûre de t'aimer toujours, quoi qu'il arrive, parce qu'avant de t'aimer je te désirois toutes tes bonnes qualités, et moi je n'ai pour me faire aimer que le mérite de te rendre justice.*

« *Tu me dis que tu serois mille fois plus malheu-*

reux que moi si tu ne réussissois pas ; si je croyais
cela je t'assure que jamais je ne te prierois de
m'être utile, je ne douterai jamais de ton zèle,
mais je n'estime les choses que ce qu'elles valent,
et voilà pourquoi depuis longtemps, je ne mets
aucun prix aux choses que je ne possède pas ou
dont je dois être un jour dépossédée ; fais de même
je t'en prie, et crois que lorsque je m'adresse à
toi pour obtenir, je ne fais que me dire, je désirerois que cela fût et je n'y mets pas plus d'importance. Je sais que si tout dépendoit de toi, je n'aurois garde de te le demander, car tu m'accorderois
tout, et je ne me désesperois de ne pas obtenir que
ce que croirois qui seroit en ton pouvoir ; mais
tout ce qui peut être affaire d'intérêt qui ne
regarde pas le cœur, crois-moi, n'en discutons
jamais, cela est au-dessous de nous, et nous ne
devons avoir aucun doute à ce sujet, je te deffends
donc d'être affligé en aucune manière, quand pour
m'obliger tu ne réussiras pas, sinon je ne te donnerai plus mes ordres suprêmes.

« Si ton cœur est malade, dans quel état crois-tu
le mien ! Je n'ose t'en parler. Tu m'as dit souvent que les plaintes t'attristoient et pourquoi
souhaite-t-on que celui que l'on aime ne se
plaise qu'avec nous, et que tout ce qui n'est pas
nous le désespère ; je ne désespère pas qu'un jour
tu ne m'aimes autant que je t'aime, puisque, cette
année, la solitude et ton ami ne te suffisent pas,

car je me flatte que tu n'aurois besoin que de moi pour être parfaitement content, non je ne veux pas tout pour moi, et je consens bien que ton prieur et tes lièvres sauvages partagent en ma présence tes affections, mon bien-aimé. Quand je pense qu'il ne tiendra qu'à nous d'être heureux, mon cœur tressaille de plaisir, mais cette idée ne rend pas le moment présent bien agréable, je travaille à être indépendante et je me tue.

« Si j'ai perdu par mes fatigues réitérées la fraîcheur de la jeunesse qui est un agrément pour le vulgaire des hommes, j'espère qu'en formant mon cœur sur celui que j'aime il me tiendra lieu de tout ce qu'un autre que toi pourroit désirer ; je t'aime avec passion et elle n'est pas aveugle, tu ne peux pas changer ton être et c'est tout toi qui m'intéresse. Je t'ai causé du chagrin, pardonne-moi cette erreur, je n'en voulois qu'à moi l'été dernier, j'aurois donné ma vie pour toi, maintenant je donnerois bien plus, je donnerais mon repos pour la permanence du tien. Tu vas reconnoître ta propriété, mais je la garde, c'est un droit acquis ; je l'ai payé avec le bien que tu me veux. Adieu, mon ami, je voudrais te voir amoureux fol, nous habiterions vraisemblablement la même petite maison, puisque notre mal seroit commun.

« Aie bien soin de ta santé, ne t'échauffe pas

commè tu le fais avec du café, tu n'as pas besoin d'un secours étranger pour enflammer ton imagination; quand tu seras bien portant, elle aura toute la véhémence que tu lui désires, et moi je serai plus tranquille, ne sentant que mes maux. Adieu donc, j'aime ce Cabanis, il est intéressant et je me fais une fête de le revoir s'il te guérit. Après toi, je n'aime que lui et moi[1]. »

Dans ces lettres, il est question de tout et des choses les plus diverses, écrites sur tous les tons de l'âme. Un jour, moitié rieuse, moitié scandalisée de l'aventure, la folle écrit : « *Tu me parles du vicomte, le tout aimable. Je n'avois pas la robe jaune, et pourtant il m'a vue avec de nouveaux attraits. Je dois tout te dire. Il s'est trouvé dans une maison où j'étois et je ne sais comment il a fait, mais il a vu jusqu'à la cuisse. C'est un insolent, mais je méprise ses impertinences. Je l'ai laissé faire pour voir jusqu'où il iroit... Mais vraiment, il est séduisant...* »

Un autre jour la chute du baron de Breteuil lui inspire cette drolatique oraison funèbre : « *Il est enfin sauté, ce cher et aimable et tant indigne baron; que le diable le conserve, car il y a longtemps que je le lui ai donné. C'est M. de Villedeuil qui a pris sa place. Nous verrons de belles pro-*

____

1. Lettre autographe faisant partie de l'ancienne collection Dubrunfaut.

messes — quelque mal qu'il fasse, je doute qu'il vaille jamais, jamais ce chien de baron[1]... »

Mais si l'on veut avoir la note méchante de son esprit et le terrible peinturlage de sa plume s'exerçant sur des camarades, cette lettre sur la chanteuse Aurore et le poète Guyard nous les donne dans la libre langue pittoresque de la cabotine :

« Il me paroît que vous vous intéressez singulièrement à Mlle Aurore. Il est juste que je vous en dise un mot, en passant. Elle aime et est aimée d'un petit Guillard, auteur des vers des poëmes « d'Iphigénie en Tauride, d'Électre, de Chimène. » Ce petit malheureux manque d'argent, de cœur, et jamais de vin. Il n'y a pas d'être dans le monde plus sale ; il a des accidents depuis les pieds jusqu'à la tête qui répandent des exhalaisons infernales, et des « nodus » qui embellissent les dix phalanges de ses deux mains. Crapuleux et poltron : c'est le Phaon de la charmante lesbienne, si célèbre dans les « journaux ». Cette Sapho l'aime avec transport, car elle le bat (système d'Ovide, lorsqu'elle lui croit une intention d'infidélité) ; et comme elle a l'imagination excessivement vive, elle est en butte à toute les fureurs de l'amour et se résigne à être infidèle à son amant

1. Catalogue Lucas de Montigny, 1860.

pour le faire subsister. L'instant d'après, consu-
mée par ses remords, elle implore Bacchus, et
les dons de Plutus sont autant d'offrandes à ce
dieu de la treille, qui, touché de leur misère, de
son thyrse fait jaillir à grands flots des fontaines
de nectar qui enivrent ces mortels heureux de
leurs ivresses, et qui oublient le monde entier, et
voient en mépris le reste des humains[1]. »

Puis voici, toujours de Metz, une lettre d'un
tout autre ton, où les plus charmantes imaginations d'amour au service de l'homme que la
femme aime, se mêlent à la cruauté impitoyable
de la courtisane pour l'homme qui la paye :

                       « Metz, ce 25.

« Me voilà encore ici pour huit jours. J'y meurs
d'ennui. J'ai un appartement si triste que je ne
vois personne que... Ici, je m'arrête, il ne faut pas
que tu saches tout. D'ici à douze jours, je ne
recevrai donc aucune de tes lettres ; j'imagine
bien que j'en trouverai à Paris, mais je n'ai pas
osé me les faire envoyer, ne sachant pas au juste
le temps que j'y resterai. Tu es maintenant dans
les grandes affaires et je n'entends ici parler de

1. Dans une lettre de la Bastide, datée du 8 mai 1785, le
comte d'Antraigues remercie la Saint-Huberty de sa lettre,
lui disant : « Mille grâces pour les détails que vous me donnez
sur Mlle Aurore et son Titon. Vous me les avez si bien
dépeints que je crois les voir s'aimer, se battre, s'enivrer... »

rien que de la prétendue disgrâce du premier ministre et de la séance royale ; mais quand les nouvelles nous arrivent de Paris, elles ne sont pas fraîches.

« Le Parlement de Nancy est exilé, dit-on, depuis samedi dernier, ils ne l'ont su que dimanche, ils le sont à deux lieues de la ville. Je désirerois bien que tout cela finît. On ne s'en aperçoit pas autant dans cette ville, parce que la garnison est très considérable, mais ils ont tous une si piteuse mine qu'il est impossible de se désennuyer un seul instant avec aucun d'eux. De gros Allemands si lourds et si bêtes, des Français si légers et si sots, des robins si roides et des bourgeois tant juifs, sans compter la crasse qui les annonce, qu'il faudroit être privé des cinq sens au moins pour ne pas sentir son malheur. J'y reste cependant : tu sais bien que lorsque je suis chez moi et que je t'attends je ne m'ennuie jamais. Quelle différence, ici rien ne m'a encore retracé que tu penses à moi, je n'ai aucune lettre, je ne t'attends pas, tu n'y es jamais venu ; ne sois donc pas étonné si ma solitude n'a seulement pas pour moi le charme de te faire désirer, quand tu ne peux être auprès de moi.

« Le petit comte va acheter la maison de campagne que j'ai été voir avant mon départ de Paris. Elle est assez jolie, toute meublée, un petit bois assez bien percé ; s'il y a moyen d'avoir de l'eau pour faire un petit canal, j'en ferois un petit bijou de cette campagne, mais pour que je puisse m'en occuper agréablement, il faut que tu y sois venu et que tu y viennes souvent. Elle est à trois lieues de Paris, coûte 50,000 francs et cent louis de pots de vin. Laisse-moi faire pour lui indiquer les moyens de dépenser ses revenus ; je ferai gagner les ouvriers et j'inventerai toutes sortes de choses pour leur procurer de l'ouvrage. S'il y a de l'eau, je ferai faire un petit kiosque, et l'on ne pourra y entrer qu'avec un batelet que l'on tirera à soi sitôt que l'on sera entré. Ce sera ton petit cabinet de travail pour le matin. Cette campagne n'a que dix arpents mais je tâcherai d'en trouver quelques autres qui avoisinent la sienne et en les réunissant on pourra faire quelque chose de très agréable, quand le maître n'y sera pas.

« Il y aura un appartement pour moi, un autre pour Mme La Haye, un pour toi ; et les autres se mettront où ils pourront, je ne m'en inquiète pas du tout. Ainsi l'espoir de me retrouver avec toi dans cette petite habitation va contribuer à l'embellir et tu diras : elle n'a rien ordonné qu'elle n'ait pensé à m'être agréable. Ta chambre sera toute blanche comme la mienne et celle d'une amie ; du papier bleu comme celui de ma chambre à coucher à Paris ; un sopha à la turque en place de chaises qui fera le tour de la moitié de la chambre ; des rideaux tout blancs : une

« seringue », une chaise p..... ou une bibliothèque
cela est synonyme, etc., etc.; tout ce qui est à
l'usage très fréquent de mon « Seigneur ».

Dis donc, cela t'ennuieroit-il tant d'être toujours où je serois, il me semble que ce qu'il y
auroit de plus fâcheux à cela, seroit d'y renoncer.
Tu m'as dit souvent que sans le vouloir, on reve-
noit à l'opinion de ceux que l'on aimoit, et ce qui
me fait plaisir c'est que tu n'étois pas de l'opinion
de la mienne quand je disois que je ne voudrois
jamais te quitter, je m'entends quand je dis jamais : c'est-à-dire ne pas mettre entre toi un
quart de lieue. Pour moi je me tromperois si je
disois pour t'obliger que je ne pense pas toujours
à cela. Cet espoir soutient maintenant toute la
peine que j'ai de te voir séparé de moi. Cela est
vrai, tu m'as dit que si je voulois être aimée il
falloit m'habituer à tes absences annuelles, mais
tu ne m'avois pas dit que mon cœur s'y refuseroit,
que je t'aimerois autant, que plus je te connois,
moins je puis me résoudre à ta volonté, que je te
dirai véritablement que je ne cède dans la seule
crainte d'être moins aimée, mais que si jamais je
suis rassurée sur ce point, je ne puis plus y tenir.
Je m'étourdis maintenant, mes occupations m'en-
pêchent de me livrer aux désirs de mon cœur,
mais dans trois ans et demi, on ne me forcera
plus de me priver de la moitié de moi-même.
Lui seul peut m'imposer cette loi et je ne la rece-

vrai que de lui. Si je dis quelque chose qui te fâche, excuse-moi, je suis si fâchée d'être loin de toi que j'oublie facilement qu'il le faut, que je te l'ai promis, que tu n'es pas malheureux comme moi.

« Adieu, aime-moi. J'ai envie d'être jalouse. Cela te feroit-il plaisir? Oh non! tu ne le croirois pas et qui aimeroit un homme qui n'aime pas, s'il n'est loin de sa bien-aimée; quand tu es là, je ne fais point de projet, quand tu n'y es plus, j'en fais mille. Eh bien tous tendent à me rapprocher de mon ours! Fâche-toi donc! Ah! j'ai beau faire, je ne puis rire[1]. »

Voici, tirée de la collection de M. Campenon, une autre lettre relative à la maison et au « petit comte », curieuse sur les rapports de la chanteuse avec l'amant payant :

« C'est ma faute, si tu n'as pas reçu de lettre, j'ai perdu depuis longtemps le petit almanach du départ des courriers, et quelquefois j'écris tous les jours, excepté celui où le courrier part ; alors elles sont retardées d'une semaine.

« Je ne suis pas assez malade pour ne pas

---

1. Lettre autographe. Collection de Goncourt. La mention de la séance royale qui eut lieu le 19 novembre 1787, date la lettre du 25 novembre 1787.

t'écrire... et d'ailleurs mes maux ne sont pas de nature à attaquer le physique à ce point.

« A l'arrivée de ta lettre j'étois en campagne... Le projet que tu as de venir dans la maison du comte ne peut être meilleur ; elle est assez jolie, et l'on n'y est pas gêné par le cérémonial. On ne visite aucun voisin, et les voisins ne nous visitent pas. Je suis venue trois fois pour faire mettre cette maison en état, car il n'auroit pas mis un drap s'il n'avoit eu l'espoir de m'y attirer. Mais il a eu le plaisir de m'y voir accompagnée de deux personnes au moins chaque fois que j'y fus. Je t'avois dit que je n'y vais jamais seule à moins qu'il n'y fût pas. Il ne te hait pas, mais il croyoit que c'étoit toi qui m'avoit décidée à aller à Auteuil[1] et que je t'aimois, et que tu étois jaloux de lui, et que tu m'empêchois de le voir. Toutes ces idées sont presque détruites, parce que je suis venue chez lui, et que je lui ai déjà dit que nous nous amuserions bien cet hiver, quand tu y serois. Cela lui prouve au moins que tu ne m'empêcherois pas de venir, au cas qu'il t'en suppose le

---

1. « *L'Almanach des Demoiselles de Paris, ou Calendrier du plaisir*, contenant leurs noms, demeures, âges, portraits, caractères, talents et le prix de leurs charmes... à Paphos, de l'Imprimerie de l'Amour, 1791 », dit de la maîtresse du comte d'Antraigues : « Saint-Huberty à Auteuil, d'une extrême tendreté ; elle ressemble au dieu de la musique par le goût et les cheveux ; elle fait crédit, 100 écus. » — Et l'auteur du pamphlet ajoute que, dans la maison de Passy, Mlles Sainval, Raucourt et Malingan venaient célébrer avec la Saint-Huberty les mystères de la bonne déesse.

crédit. Pourvu qu'il soit persuadé que tu ne veux et que tu ne peux pas le faire chasser, il ne te haïra pas. Je trouve son sentiment assez naturel. Depuis qu'il est arrivé à la campagne il s'est abstenu de dire du mal des autres, et j'ai trouvé que c'est un grand effort qu'il a fait pour lui. Il n'est pas vilain ; quant aux dépenses qu'il a faites, dans la maison j'y ai fait entrer Mme Moreau, la femme de mon valet de chambre, et il s'en rapporte à elle pour toutes les dépenses. Quand j'ai vu qu'il ne me feroit aucune difficulté, j'ai dit à Mme Moreau que je n'entendois pas à être traitée mieux que les autres, et qu'il ne falloit pas jeter son argent par les fenêtres, puisqu'il le donnoit volontiers. Ainsi tu peux venir, car si je croyois que tu ne vinsses pas, je n'irois jamais, parce que je ne permettrois pas qu'il se permît d'exclure aucune personne de ma société, et la justice qu'il faut que je lui rende, c'est que lorsque j'ai souvent dit exprès que tu y viendrois, il n'a pas sourcillé.

« J'y fus avec Mme et M. de M., les deux petites, M. Lemoyne, deux autres personnes que je te nommerai et Mme de La Haye. Il ne m'importune pas trop, tant que je suis chez lui, et je trouve qu'il est mieux que chez les autres.

« Adieu... »

XLII

La maison de campagne à trois lieues de Paris était achetée et donnée l'année suivante, et le « petit comte », si dédaigneusement traité dans la lettre de la Saint-Huberty, a tout l'air d'être le haut et puissant seigneur Alphonse de Turconi[1], acquéreur du sieur Nechault de La Valette, contrôleur général des écuries de Monsieur, d'une maison, d'un clos de trois arpents, d'une pièce de terre de quatre-vingts perches. En effet, par deux actes notariés en date du 12 juillet 1788, le comte de Turconi, au moment de la rédaction du contrat d'acquisition, déclarait galamment n'avoir et ne prétendre rien dans cette maison et ses dépendances et ses meubles, « mais que le tout appartenoit à dame Marie-Cécile Clavel de Saint-Huberty, pensionnaire du Roy, à laquelle ledit seigneur comparant n'a fait que prêter son nom pour lui faire plaisir... »

La Saint-Huberty ne jouissait pas longtemps de la maison, où son imagination préparait de si jolies surprises à son amant. Nous la verrons

1. Dans une lettre de la Saint-Huberty au comte d'Antraigues remontant au commencement de leur liaison, elle lui parle du comte de Turconi comme un ami des deux sœurs Sainval.

quitter la France au printemps de 1790, et, à
quelques mois de là, la maison était mise sous
séquestre.

Et, le 30 septembre 1794[1], la chanteuse adressait de Mindrisio un pouvoir au citoyen Feydel,
« de pour elle et en son nom obtenir la main-
levée et jouissance de sa maison sise à Groslay,
jardins, enclos, mobilier et tous effets quel
conques ».

Une lettre du même Feydel donne de curieux
détails sur les vicissitudes de la pauvre propriété
pendant les années révolutionnaires :

« Vous avez été prévenue, Madame que deux
êtres qui ont l'esprit aussi mal fait que le corps,
et le cœur aussi laid que leur figure, avoient

[1]. Ce pouvoir avait été précédé de deux certificats de méde-
cins, attestant le besoin qu'elle avait d'un long traitement à
l'étranger.

Voici le premier, daté de Milan, le 26 avril 1792 :

« M⁰⁰ de Saint-Huberty, par la suite d'une angine muqueuse
ou autrement fluxion de la gorge, n'est pas en état d'exercer
sa voix et continue à être obligée à un traitement métho-
dique, sans quoi l'indisposition pourroit se faire habituelle.
En foi de quoi, j'ai signé le présent certificat de ma main.

« Muscati, professeur roïal et médecin
de la maison des Enfants Trouvés de Milan. »

Voici le second, daté de Mendrisio, le 13 septembre 1794 :

« Infra scriptus ego testor civem Annam-Antoniétam Clavel
Saint-Huberty, si quidem melius habere, sed adhuc esse inve-
terata depravatione generali omnium succorum, simul atonia-
vel forti atque universali debilitate vexata, ita ut ad perfec-
tam valetudinem acquirendam, longa curatione opus sit, in
quorum fidem...
                         « Salvator Johamis physicus. »

porté la municipalité de Groslay à vous dénon-
cer comme émigrée ; qu'en mars 1794 vous avez
été comprise dans la liste des émigrés de Seine-
et-Oise ; que vos biens, meubles et immeubles,
de Groslay ont été séquestrés ; que, nonobstant
les oppositions et réclamations faites dans votre
intérêt par Mme votre sœur, ils avaient été vendus par le district de Gonesse et qu'enfin le district ne s'était occupé de vos réclamations qu'a-
près avoir presque tout vendu et qu'il ne s'en
est occupé que pour vous déclarer émigrée. »

Feydel pense que ce malheur aurait pu être
évité si l'on avait reçu à temps la procuration,
ou s'il avait été possible de retirer ses papiers
de chez le sieur Potel, l'homme d'affaires d'alors
de la Saint-Huberty, qui avait quitté Paris. Il
ajoute : « Le district de Gonesse a violé toutes
les lois qui vous étoient favorables, en prétextant que vous aviez renoncé à votre état avant
votre départ, que vous ne paroissiez pas avoir
conservé l'esprit de retour en France, et que les
réclamations faites par votre sœur vous étoient
étrangères... Mais enfin vous voilà à la veille
d'être jugée par le comité de législation. Vous
avez pour rapporteur Pons de Verdun, poète,
qui ne paroît pas, tant s'en faut, prévenu en
votre faveur. Nous avons cependant aplani les
difficultés qu'il nous a faites, non avec le
secours de Mme Cabarrus, qui avoit beaucoup

promis, mais, je présume, n'a rien fait, mais avec les avantages que donne la justice de votre cause... Nous avons aussi produit un certificat de la section Lepelletier, qui atteste, sur le témoignage de onze artistes[1], que vous ne vous êtes absentée que pour acquérir de nouvelles connoissances, et je crois pouvoir vous annoncer, vu la justice de votre cause, que le comité de législation ne tardera pas à faire un arrêté qui vous sera favorable. Mais cet arrêté ne réparera pas tout le mal qu'on vous a fait : la Convention maintient les ventes au préjudice des émigrés présumés, et ne leur donne en retour que le prix qu'elle en a retiré. Elle a recours à cette injustice politique pour encourager les acquéreurs de biens nationaux et ne pas donner un plus grand discrédit aux assignats, en revenant sur les ventes faites sans motif légitime et même au mépris des lois.

« Vous n'aurez donc que des assignats à répéter en place de vos biens vendus. Il y a pourtant certitude qu'on vous rendra en nature les

---

1. Les archives nationales nous donnent la liste de ces onze artistes : 1. Jean Nicolas Chol, artiste. 2. François-Théodore Dubois, artiste. 3. Pierre Rousseau, artiste. 4. Edme-François Jaquier Châteaufort, artiste. 5. Jean Alticatel, artiste. 6. Michel-Augustin Quinebault, professeur de musique. 7. Modeste-Antoine-Didier Ducaire, artiste. 8. Joseph-François Dulot, parfumeur. 9. Arnauld Adrien, professeur de musique. 10. Jean Lemoyne, compositeur de musique. 11 Sigisbert Collin, marchand chapelier.

meubles et effets qui ont été mis en réquisition par les commissions du commerce, des sciences et des arts, et qui consistent, dit-on, en trois grandes glaces, deux candélabres, quelques bustes, tables d'acajou, matelas et lits de plumes, bibliothèque, etc... Quant aux immeubles, ils ont été vendus au prix de 82,925 francs. Actuellement, il est question de savoir ce que vous entendez faire de ces assignats. Ils perdent journellement et de plus en plus dans les mains de ceux qui en sont porteurs. Vous devez juger, par l'échange avec le pays que vous habitez, de leur perte réelle : hier les pièces d'or de vingt-quatre livres se vendoient deux cents livres en papier[1]... »

1. Papiers de la Saint-Huberty. Collection de Goncourt. — Maintenant voici l'arrêté tiré des Archives :

Ministère de la Police générale de la République.

Liberté　　　　　　　　　　　　　　*Égalité*

CLAVEL SAINT-HUBERTY.

Arrêté du Comité de Législation du 24 germinal an III qui l'a rayée de la liste des émigrés.

Signé : Azema, Pons de Verdun, Vigneron, David de l'Aube, Durand Maillane.

Extrait du registre des délibérations du Conseil général du district de Gonesse.

Vu la pétition de la citoyenne Éléonore Clavel, femme Génié faisant pour et au nom de Cécile-Antoinette Clavel Saint-Huberty, sa sœur, tendante à faire rayer cette dernière de la liste des émigrés . . . .

Vu un acte reçu le 7 de ce mois au comité civil de la section Lepelletier, duquel il résulte que onze citoyens, après avoir représenté leurs cartes civiques, ont certifié et attesté

XLIII

Mais pour les dernières années d'avant la Révolution, nous avons mieux que la correspondance de la femme pour connaître sa vie, l'emploi de ses journées, et un peu de la mélancolie de sa pensée dans le tête-à-tête avec elle-même ; nous avons, du journal qu'elle écrivait tous les jours, un feuillet, rien qu'un feuillet, mais qui nous raconte son existence pendant tout un mois, de l'heure où elle se lève à l'heure où elle se couche.

Arrivée le 7.

8. Je me suis soignée, ayant un violent mal de gorge, ainsi que le 9.

10. J'ai joué Armide, toujours malade.

11. Au couvent.

13. Allée à Tarare *que j'ai trouvé bien mauvais.*

15. A la Comédie-Françoise *et travaillé.*

16. Au couvent.

17. Joué Phèdre et vu G... chez Mme d'A...

20. Joué Phèdre.

que la Saint-Huberty, artiste au cidevant grand Opéra, a résidé à Paris jusqu'à la fin de 1790 et qu'il est notoire et public qu'elle s'est absentée pour acquérir de nouvelles connaissances dans son état . . . .
(*Dossiers des émigrés,* Clavel Saint-Huberty Anne-Antoinette, n° 17,552, Seine-et-Oise. Archives nationales.)

24. *Je me suis forcé au petit spectacle un nerf dans la tête, j'ai manqué de m'évanouir, et j'ai eu une extinction de voix à la dernière scène.*

25. *Chez Marmontel à Grignon et le soir chez M. Moreau[1].*

26. *Au couvent.*

Tous les matins levée à six heures, — prendre un bain à neuf heures, — chanter jusqu'à deux, — diner à quatre, — dessiner, écrire, lire, rester seule, — se coucher à neuf heures et demie ou dix heures, — penser... lire... et dormir.

27. *Travailler, — aller à la Comédie-Italienne, voir la parodie de Tarare aussi mauvaise que l'opéra, — couchée à dix heures.*

28. *Levée à six heures, — travailler, — à onze heures, Assemblée à l'Académie royale de musique, — rentrer, — ne voir personne, — travailler, — se coucher à dix heures.*

29. *Aller au couvent, — rentrer à six heures, — travailler, — à neuf heures et demie se coucher.*

30. *Aller à Versailles.*

31. *A Versailles.*

Le 1er août 1787. Revenue de Versailles, — le soir chez M. Moreau, — couchée à minuit.

2. *Restée chez moi, — vu le grand dadais qui*

---

1. Est-ce Moreau le dessinateur qui lui dessinait ses costumes?

m'a parlé de ses dispositions, — couchée à dix heures.

3. Écrit là-bas, travailler, — jouer le soir à l'Opéra, — couchée à neuf heures et demie.

4. Le matin, travailler, aller à l'Assemblée, — rentrer, — s'enfermer, — travailler, — couchée à neuf heures et demie.

5. Au couvent, — joué Iphigénie.

6. Travailler, — vu M. de La G.

7. Travailler, — rester seule toute la journée, — reçu quatre lettres, répondu à trois, surtout à une du B...

8. Travailler, — aller le soir chez M. Moreau.

9. Couchée à dix heures et demie et conseiller à Mme* M. de retourner chez elle, ce qu'elle a fait[1].*

XLIV

En 1788, les événements tumultueux du 10 septembre, la retraite de Brienne, de Lamoignon, faisaient écrire à la Saint-Huberty cette longue lettre où, à côté d'une peinture pittoresque de l'émeute de la rue, se trouve un joli retour sur un séjour de la chanteuse à Dijon, avec l'incendie amoureux que faisait alors, dans une petite ville de province, le passage d'une grande artiste de la capitale :

1. Ancienne collection d'autographes de M. Léon Sapin.

« Ce 14 septembre 1788.

« Il étoit parti, ce ministre infâme, il est vrai, quand je reçus ta lettre. Mais n'y a-t-il qu'un ministre ? Et ne peut-on craindre qu'un Cardinal ? Tous le devenoient pour moi. Et crois-tu, lorsque les grands coups sont portés, qu'une foible lueur d'espérance — moi qui n'en vis jamais se réaliser — est faite pour guérir d'un mal presque certain et auquel je ne pouvois apporter aucun remède ? Vois, si j'avois été la tienne, j'eusse été consolée d'obtenir la grâce d'être enfermée et de partager tes infortunes. Maintenant que tu crois ne plus rien craindre, je ne fais plus de vœux, si ce n'est pour ta santé et pour t'engager à remettre, s'il est possible, un travail continu à une autre année. Tu as besoin de repos. Autant que les circonstances peuvent le permettre, viens près de moi, j'ai tout autant besoin que toi de respirer l'air pur qu'exhale une âme honnête.

« Qu'as-tu besoin de me dépeindre la joie de ceux qui savoient que tu n'avois plus rien à craindre[1]. *Ne sais-je pas qu'on t'aime et qu'il est*

---

1. Dans le même temps, par une lettre datée d'Auteuil, la Saint-Huberty engageait d'Antraigues à ne pas venir à Paris avant la tenue des États. Elle le félicitait de ses efforts pour concilier les esprits si fort agités dans le Vivarais. *« J'avois d'avance adopté le système de l'égoïsme, et je crois que dans ce pays-ci c'est celui qu'on devroit suivre. Ils sont si froids ici et vous êtes si chauds là-bas, que l'on ne peut raisonnablement*

impossible de ne pas le faire ? Ne sais-je pas que
ce n'est plus exister que d'être privé de son âme ?
N'es-tu pas l'âme de tout ce qui t'entoure et de
tous les heureux que tu fais ? Plus tu as de vertu,
plus mes regrets s'augmentent, puisque je suis
toujours moins digne de toi. Aussi, loin d'en
être fière, je suis inconsolable.

« Puisque tu veux encore que je te dise mon
avis, je suis de celui que tu m'as ouvert dans
une de tes lettres, de l' « apporter » à Paris, en
manuscrit, parce que, vu les circonstances qui
peuvent changer, jusqu'au moment où il doit
paroître, il y auroit peut-être quelque chose à
changer et il faudroit tout réimprimer.

« Ne va pas croire que c'est pour te donner
mon avis que je désire le voir, avant qu'il soit
imprimé ; non : je sais que tu n'en as pas besoin,
et que mes connoissances ne peuvent se mesurer
avec le bien que je te veux ; mais c'est peut-être
pour avoir le plaisir d'être la première qui l'ait
vu. Je viens de recevoir ta lettre du 6. Elle n'a
pas dû me surprendre quant au défunt, qui s'étoit
donné les violons.

« Mais quant à M. de Montigny, que je connois, ainsi que M. de Foudras, je ne me rappelle

être d'aucun parti... Adieu, mon bien-aimé si tu m'obéis, ou
vilain ours mal léché si tu te regimbes... Je ne dois pas avoir
peur, tu m'as promis d'obéir, toujours à ma moindre volonté.
Nous verrons si c'est pour rire, ou si véritablement tu tiendras
parole. (Catalogue de la vente Lajariette, 1860.)

pas si c'est un comte, mais il étoit petit, bête et chevalier de Malte ; — voyez si c'est celui-là. — J'étois à Dijon pendant quinze ou seize jours, toute la maison de M. le prince de Condé vint me faire une visite de corps, et les jours suivants, je reçus chez moi ceux que je connoissois de vue ; et ceux qui ressembloient à M. d'Autichamp, qui en avoit envie ainsi que le prince de Condé, *je ne les reçus point.*

« On chercha à me mener chez le prince, seulement, disoit-on, pour le remercier des compliments qu'il me faisoit faire par ceux de sa suite ; je refusai constamment. J'allois me promener, non dans la voiture du défunt, mais dans celle d'un nommé M. de Virieux, que je connoissois et croyois très honnête — depuis je l'ai chassé de chez moi. — M. le prince de Condé me saluoit publiquement aux promenades, et me parloit, quand le hasard m'amenoit sur son passage.

« Le choix que je fis, pour être reçus chez moi, de M. le vicomte défunt, d'un M. de Choisy, âgé de soixante ans, d'un nommé de La Touraille, qui en avoit soixante-dix, et qui avoit l'air d'un foireux transi, donna de la jalousie à ceux qui furent exclus. Tous ceux-là se mirent à faire toutes les démarches possibles pour être admis. Je demeurois sur la place ; mes fenêtres étoient toujours ouvertes jusqu'à ce que tout le monde se soit retiré, et ce fut là ma vie de tous les soirs,

parce qu'ils soupaient tous chez moi, quittoient
le souper du prince de Condé et avoient l'air de
préférer le mien. Cela ne m'enorgueillissoit pas,
puis j'étois très peu riche dans ce temps et cela
m'induisoit en dépense.

« Eh bien, ceux qui ne furent pas reçus, espion-
noient tous ceux qui y venoient, et quand de la
rue ils ne pouvoient pas voir, ils montoient sur
la statue qui étoit sur la place. Je le savois et j'en
riois, car ceux qui étoient sortis la veille de chez
moi, les y avoient attrapés.

« Un jour, il y eut de ces petites loteries cou-
rantes dans lesquelles il y avoit beaucoup de lots.
M. de Montigny — que je n'avois pas voulu recevoir et qui m'avoit envoyé son ma... que je ne
connoissois que comme son secrétaire, et qui venoit
me voir quelquefois comme amateur de musique,
—passa devant chez moi et vit de ces messieurs
qui y étoient, ainsi que ce secrétaire. Il demanda
la permission d'entrer, permission qu'il eût été
assez impudent pour prendre, si je la lui avois
refusée. Il nous vit envoyer chercher de ces billets
de loterie qui coûtaient douze sols. Nous eûmes
des lots. Il en envoya chercher aussi. Il voulut
les mêler avec les miens. Je m'en aperçus, et,
sans rien dire, j'eus l'air de ne rien apercevoir.
J'ouvre les billets et je ne sais si c'étoit dans les
lots que j'avois payés, ou dans les siens, que je
trouve une très belle épée, des boucles d'acier de

femme et un étui d'or. Quand j'eus gagné tout cela, je donnai l'épée à l'amateur de musique, en disant que je n'avois pas besoin d'elle pour me défendre, et que j'avois « bec et ongles » dans l'occasion. Ensuite je lui donnai les boucles et l'étui pour sa femme, pour le remercier de m'avoir accompagnée du violon, un jour que je faisois de la musique avec le « défunt ». M. de Montigny ne fut pas content du peu de cas que je faisois de la galanterie et sortit très piqué de ce que j'avois dit.

« M. de Foudras et le défunt ne me quittant pas plus que leur ombre, le premier me tourmentoit pour voir la terre de sa belle-sœur, qui, disoit-il, étoit délicieuse, qu'elle me connoissoit et qu'elle lui avoit écrit que le plus grand plaisir qu'il pouvait lui procurer étoit de me mener chez elle : soit que les deux vicomtes s'entendissent ensemble, et que le défunt s'imaginât qu'il termineroit tout de suite avec moi de cette manière; enfin je me laissai persuader et je partis. Je fis cette inconséquence qui tourna à mon avantage, puisque vous voyez qu'il n'a pu l'empêcher d'avoir dit qu'il n'avoit rien remarqué. J'arrivai et j'y trouvai une dame âgée et une très jolie fille qui étoit celle de la dame. Je ne trouvai pas qu'elle eût l'air d'une vicomtesse, mais je ne m'en inquiétais pas. On alla à la chasse, à la pêche; j'étois de toutes les parties. Je pensai même me

tuer à la chasse, mais j'eus soin d'avoir toujours mon domestique avec moi et d'être toujours avec tout le monde. Je ne laissai entrer personne dans ma chambre avant midi, et je confiai ma bourse à M. de Foudras pour me la faire serrer par la maîtresse de la maison, et l'on m'y prit cinq louis. Je le dis seulement une fois. J'avois promis d'y passer 4 ou 5 jours, je ne me rappelle pas bien si c'étoit plus ou moins, mais on me tourmenta pour rester davantage ; je ne voulus pas absolument ; je partis et j'arrivai dans ma chaise de poste, et il n'y avoit point de cabriolet.

« Quand je revins à Paris et que j'y vis le défunt, je lui parlai de cela, et il me dit qu'il avoit été trompé comme moi, qu'il croyoit qu'il alloit trouver la sœur de ce vicomte, mais que lorsqu'il ne la vit pas, il me pria de ne m'en rien dire, qu'elle avoit été obligée de partir pour une terre voisine et que, si on me le disoit, j'allois faire un esclandre ; qu'il lui juroit sur son honneur qu'aussitôt que je voudrois partir, il ne me retiendroit pas, au cas que je m'apercevrois que ce n'étoit pas sa sœur. Je m'en aperçus, je n'en fis pas semblant, mais je me tins sur mes gardes, et voilà ce qui lui a fait croire que j'étois fausse. Et je le serai toujours ainsi, quand on m'aura fait un mauvais tour, je ne m'en vanterai point quand j'aurai eu le bonheur de m'en tirer.

« *Je ne sais si, d'après la manière dont votre prieur a bien voulu parler de moi, il est nécessaire de lui foire connoître les personnages odieux que j'ai été à même d'obliger, dont j'ai tant à me défier et qui m'ont donné la grande expérience qu'aucune foiblesse n'a précédée. Je n'ai d'autre vertu que la défiance. Je ne l'ai plus, puisque je vous connois et que jamais je n'auroi de sujet de vous craindre. Vous me direz souvent que vous n'auriez pas voulu être aimé pour vos vertus seulement, vous ne devez pourtant tous les sentiments que vous m'avez inspirés qu'à elles seules, et le prieur ne m'estimeroit pas tant si vous en aviez moins, car il faut que vous lui ayez donné de moi-même une bien grande opinion pour que, sans me connoître, je trouve un défenseur en lui : remerciez-le de ma part et dites-lui de moi tout ce que vous trouverez susceptible d'augmenter son estime pour moi.*

« *J'ai connu tant de gens indignes de m'inspirer le désir de leur plaire, que, maintenant, je désire m'en dédommager et je trouve que l'on ne perd jamais rien à attendre. Voilà une longue lettre ; je sais que je n'ai pas besoin près de vous de me justifier de propos faits sur ma personne ; mais, quand je dois rendre compte de ma conduite, je le puis dans tous les cas, et sans y mettre d'autre importance que celle d'obliger ceux qui désirent la connoître, car, si j'ai bien fait, je suis*

payée d'avance par l'absence des remords. A pré-
sent, je crois que vous connoissez presque tout ce
qui m'est arrivé, mais n'en parlez qu'à votre
prieur; je ne veux pas donner à ceux qui sont
seulement curieux, le plaisir de me connoître ou
le chagrin de n'avoir pu me nuire. Adieu.

« *Tout est rappelé, chassé. Le Parlement a
siégé, et d'Epreménil a été bienvenu du roi; le
garde des sceaux a été renvoyé; on a voulu brûler
Dubois, lui et M. de Brienne : on leur a donné
trois jours pour se divertir de cette manière. Il y
eut plus d'une vingtaine, pour ne pas dire plus,
de personnes percées par les baïonnettes des gardes
de la ville. On vouloit brûler les trois personnages, chacun devant chez eux, et ceux qui voulurent l'empêcher, furent éventrés parce que les
gardes éventreurs se sont trompés.*

« *M. le duc d'Orléans, ainsi que tous ceux qui
passoient, furent forcés de faire une « genouil-
lade » devant la statue de Henri IV et de donner
de l'argent pour acheter des pétards. Un soldat du
quai reçut le même jour trois croquignolles sur
le nez par un polisson de clerc qui fut cloué à
l'instant contre la muraille par la baïonnette du
fusil de ce soldat croquignolé. Voilà toutes les
nouvelles, il y a trois jours qu'elles sont passées
mais j'étois comme à cent lieues, et je n'arrivai
qu'hier au soir à 8 heures. Les prisonniers de
la Bastille ont été mis très poliment à la porte,*

afin de s'en retourner chez eux. Adieu ; voilà tout ce que je sais. Je ne puis en écrire davantage, ayant des affaires par-dessus les yeux[1]. »

Voici une autre lettre de la Saint-Huberty, écrite onze jours après la première, et toute remplie de tendresse :

« Je viens de recevoir ta lettre du 27 qui renfermoit le petit imprimé. On parle de la rentrée du Parlement pour mardi prochain. M. Necker, qui est maintenant chargé de la besogne, le promet, dit-on.

« Quant à ce que tu crains pour moi, depuis quinze jours je le crains aussi, mais je suis toute résignée ; l'habitude que j'ai de ne pas jouir d'un bonheur permanent me prépare à tous les événements. Je sais vivre dans la médiocrité qui naît du défaut de fortune, mais elle ne pourra jamais se vanter de m'avoir fait soupirer après elle, ni répandre une larme par ses revers. Je te l'ai dit, je suis insensible pour tout ce qui n'est pas mio bene. Mes richesses sont dans ton cœur, et pourvu que je puisse avoir de quoi subsister, contente de ton amour, je ne désirerai aucune des faveurs de la fortune, tu es la mienne et point d'autre ne me tente. Tu sais que je t'ai souvent dit que si je

---

1. Lettre autographe communiquée par M. Bardin.

perdois ce qui m'a tant coûté de soins, je me
retirerois dans un couvent (sans cependant être
cloîtrée), car je n'aimerois pas à être enfermée, et
j'y voudrois voir mes amis, c'est-à-dire toi. Mais
crois-moi et ne me plains pas. Ce n'est point
l'argent qui peut me rendre heureuse, je dis plus,
il ne pourra jamais rien ajouter à mon bonheur :
il est si difficile même quand on en a, de le bien
distribuer, que ce sera un embarras de moins. Si
l'on me fait banqueroute, j'ai placé sur une terre
vingt-deux mille livres pour répondre aux engagements que j'ai contractés, et si j'avois risqué de
les perdre, j'aurois essayé de travailler de nouveau pour les remplir. C'est tout ce qui me tient
à cœur, mais j'espère que si Dieu voit le fond de
mon cœur, il ne me privera que de ce que je voulois garder pour moi. Ainsi, mon ami, ne t'afflige
pas pour moi, je t'en prie, je ne le suis pas, et
tous ceux qui m'ont vue, pourront t'assurer que,
depuis quinze jours que j'ai lieu de craindre, mon
front a gardé toute la sérénité que l'on me con-
noît, et ne s'est jamais altéré que lorsque je pen-
sois qu'il falloit que nous fussions éloignés l'un
de l'autre. Pour toi, qui as l'habitude du bonheur,
si la fortune et l'accomplissement de tous tes
désirs en est un, je serois affligée si tu perdois
quelque chose, mais le revenu des terres peut
être emporté pour un an, mais les terres restent
et tu ne perdrois pas tout.

*« Je vois que je serai encore quelque temps
sans te voir, si les affaires ne vont pas mieux ;
tu le pressens, et moi je l'avois deviné. Tu ne dois
donc plus me faire de querelle, quand je me
prépare à l'adversité ! Nous ne nous en aimerons
pas moins, je l'espère.*

*« Adio, caro oggeto della mia tenerezza una,
quando ti rivedro ? Questo tanto sara il principio
della mia felicita e della vita mia.*

« Ce 25 septembre.

*« Si non m'esprimio cosi teneramente in lingua
francese, quest' é la colpa della lingua, ma no del
mio cuore*[1]*. »*

XLV

Le chant de la Saint-Huberty, dès l'année 1786,
avons-nous dit, avait commencé à perdre de ses
belles et merveilleuses qualités. Le travail énorme que la cantatrice s'imposait tous les ans,
pendant les deux mois de ses tournées de province, détruisait peu à peu la fraîcheur de cette
voix qui s'éraillait et devenait criarde[2]. Mais

1. Lettre autographe de la collection de M. Campenon.

2. Dauvergne écrit à la date du 21 juillet 1787 : « Hier la
demoiselle Saint-Huberty a paru au public avoir perdu beaucoup de sa voix. Je vous ai prédit que cette femme ne tiendroit
pas encore deux ans, je suis persuadé que si elle fait encore
un voyage en province, elle s'achèvera tout à fait. »

néanmoins la Saint-Huberty restait et demeurait
la grande actrice, la chanteuse dramatique de
l'Académie lyrique. Paris n'allait au boulevard
Saint-Martin que pour la femme qui jouait
Didon, Alceste, Pénélope, l'artiste qui, comme
le dit Mme Lebrun dans ses *Mémoires*, composait
à elle seule tout l'Opéra. Au fond aucun talent
n'a surgi, aucun talent ancien ne s'est développé,
et un tableau analogue à celui que j'ai déjà donné
du chant, au temps du fameux traité de l'actrice
avec l'Opéra, nous montre encore, en ces années
qui touchent à la Révolution, la Saint-Huberty
comme la reine sans rivale de l'Académie royale
de musique.

PREMIERS SUJÉTS DU CHANT

Saint-Huberty. Cette femme, la plus méchante
qu'il y ait à l'Opéra, a un très grand talent
comme actrice. Elle a été forcée, faute de moyens
du côté de la voix, d'abandonner plusieurs grands
opéras qu'elle n'ose plus chanter; cette femme
qui, par congé, va passer deux mois et demi
dans les villes de province où il y a des spectacles, ne se refuse point à chanter à deux représentations par jour, tandis qu'à Paris elle chante
une fois par semaine, très rarement deux fois, et,
lorsque cela lui arrive, elle en murmure fort
haut.

Maillard. Sujet très utile, mais qui malheureusement se laisse faire des enfants; ce qui prive le public d'un très grand nombre d'opéras qu'on ne peut pas risquer de donner sans cette actrice et sans la demoiselle Saint-Huberty qui se trouve absente dans ce temps-là, ce qui nuit considérablement aux intérêts de l'Académie. Cette femme est fort endettée.

PREMIERS REMPLACEMENTS

Gavaudan. Sujet précieux, quoique mauvaise tête. Elle chante les rôles de soubrette dans les grands opéras avec une voix très agréable. Enfin, elle a fait le service de ces deux femmes depuis Pâques, lorsque les occasions l'ont exigé.

Chéron (l'ancienne demoiselle Dozon). Cette femme, sur laquelle on comptait beaucoup, est devenue une paresseuse ainsi que son mari. Elle ne travaille plus.

Saint-James. Joli sujet, quoique avec une petite voix pour chanter les ariettes et les petits airs.

DOUBLES

Joinville. Belle femme, belle voix, mais dont on n'a pu rien faire depuis douze ans qu'elle est à l'Opéra. Elle s'enivre, se lève à midi ; elle n'a jamais voulu étudier, ce qui l'a empêchée de faire aucun progrès.

Buret. Cette femme a une belle voix. Elle n'est plus présentable dans aucun rôle en pied, à cause de son énorme grosseur. Elle ne peut être utile que pour chanter les rôles de déesse dans les Gloires et dans les chars.

Gavaudan l'aînée. Elle a une assez jolie voix pour chanter les petits airs, mais nullement capable de chanter un rôle. C'est elle qui par sa méchanceté a gâté le caractère de Lainez, avec lequel elle vit depuis longtemps.

Audinot. Méchante femme sans talent, que l'on supporte dans quelques petits rôles, faute d'autres sujets.

Mulot. Sujet élevé à l'École de chant. Elle est très utile et le deviendra davantage. Sans elle, on aurait fermé la porte de l'Opéra par la mauvaise volonté des premiers sujets de son sexe.

Lillette. Jeune sujet, élève de l'École de chant, d'une figure agréable et théâtrale pour les rôles de princesse. Elle a débuté avec succès et s'occupe continuellement d'augmenter ses talents[1].

---

1. *Archives nationales*, O¹ 626. M. Adolphe Jullien a publié ce tableau avant nous dans un journal du théâtre.

XLVI

Pendant l'année théâtrale de Pâques 1788 à 1789, la correspondance de Dauvergne nous donne la suite, presque les derniers épisodes de cette toujours recommençante et éternelle bataille de l'ingouvernable chanteuse avec la direction.

Au mois de juillet 1788, elle est en province, et l'administration est fort anxieuse de savoir si l'actrice va prendre de suite les deux mois de congé qu'elle a obtenus, fort empêchée de mettre à l'étude les opéras présentés, les auteurs ne voulant pas que les rôles, créés pour la Saint-Huberty, fussent répétés par d'autres que par celle dont on attendait le retour.

Au mois d'août, l'absence de la Saint-Huberty, compliquée de l'absence de la demoiselle Maillard, empêche l'Opéra de représenter les opéras d'Alceste, Didon, Iphigénie en Aulide, Phèdre, parmi lesquels les trois premiers procuraient les recettes les plus fructueuses.

Le 5 septembre, de retour à Paris, elle chante le rôle d'*Iphigénie* et celui de *Colette*, dans lequel elle est fort applaudie, et veut bien dire à Guimard qui dansait dans le ballet du Devin, qu'elle est disposée à chanter le vendredi une seconde fois cet opéra, si l'on veut redonner le même spectacle.

Le 20 septembre, la Saint-Huberty consent à
donner une quatrième représentation du spectacle de la veille, au grand étonnement de Dauvergne, qui se dépêche de profiter de sa bonne
volonté.

Le 23 septembre, les choses commencent à se
gâter entre l'actrice et le directeur. Elle déclare
tout à coup qu'elle entend reprendre le rôle de
Chimène, ce qui contrarie vivement l'administration, qui envie de faire exercer dans ce rôle
les demoiselles Lillette et Mulot.

Le 1ᵉʳ octobre, un accident arrivé à Gardel
rendant la représentation de PANURGE impossible
pour le vendredi, M. de La Suze, le secrétaire
perpétuel, la prévient qu'elle se tienne prête
pour le jour où l'on donnerait le spectacle du
30 septembre. Voilà la Saint-Huberty répondant
impudemment qu'elle est fatiguée, qu'elle ne
sait si elle pourra, que c'est singulier de ne pas
suivre le répertoire de la semaine. La Suze d'in-
sister. A cela l'actrice de répliquer qu'elle fera
un effort, à la condition qu'on lui rendra son
tailleur, chassé par une délibération du comité
pour manque de subordination envers MM. Bocquet, Dechanlais, Delaistre[1]. Mais il lui faut la
parole du directeur, elle veut bien s'en conten-

---

1. Il s'agissait d'un tailleur nommé Parisis, renvoyé au
mois de juillet 1788 pour cause de vin et d'insolence envers
le sieur Delaistre.

ter, mais il la lui faut pour promettre de chanter. Dauvergne lui fait répondre que, pour la grâce de son tailleur, elle n'a qu'à s'adresser au comité, mais que « Chimène » ne laisserait pas d'être affichée et jouée et que, si elle refusait de chanter, elle serait mise à l'amende de son mois.

Dans les séances où l'on prépare le répertoire de la semaine et où on lit la correspondance administrative, elle est la femme aux objections, aux tracasseries ; elle prend toujours parti pour les rebelles, et elle a un rire et un air moqueur pendant la lecture des lettres comminatoires de M. de La Ferté, qui font écrire à Dauvergne que c'est une impudente coquine.

Au fond, c'est une puissance, et quand le directeur, dans sa haine de l'insupportable femme, cherche sournoisement à substituer au genre favori du compositeur Lemoyne, qui ne voit d'agréable en opéra que les sujets où il est question d'inceste, de poison, d'assassinats, cherche à substituer le genre honnête, et l'opéra de NEPHTÉ de M. Hofmann : c'est pour l'aboucher avec M. Cherubini, presque un ténébreux complot, et des recommandations de silence et de secret, par crainte, dit-il, des deux plus méchantes créatures qui existent, le sieur Lemoyne et la Saint-Huberty.

Et le mois de janvier de 1789 commence par une lettre, où le directeur, accusant Lemoyne de travestir les observations faites à propos d'un rôle pour la Saint-Huberty, lui dit que tout en rendant le tribut d'éloges que mérite la célèbre actrice, elle n'est ni infatigable, ni à l'abri des incommodités qui pourraient, le lendemain de la première représentation, l'empêcher de chanter le rôle, et qu'il n'y a rien d'étonnant à ce que l'administration regrette que le rôle ait été fait de manière à ne pouvoir être rempli par d'autres.

A neuf jours de là, le 16 janvier, à la lecture du répertoire de la semaine, la Saint-Huberty se récrie contre la distribution. Elle a chanté « Phèdre » hier, on la fait chanter « Didon » mardi, ot, « Alceste » vendredi ; on veut *l'assommer*. On lui propose de ne pas chanter « Didon » mardi, et de se reposer pour chanter « Alceste » jeudi. Elle repousse la proposition, déclare qu'il s'agit de rôles qui sont en sa possession et que d'autres ne doivent pas chanter, qu'elle est décidée à faire des remontrances : cela suivi d'un tas de verbiages qui impatientent Dauvergne. Il dit en colère que si ses caprices dérangent ainsi à tout moment le répertoire, on sera dans l'impossibilité de payer le mois, et crie au sieur la Salle : « Écrivez toujours le répertoire tel qu'il est. »

Le 4 février, M. de La Ferté lit dans le *Journal de Paris* une représentation différente de celle qui figure au répertoire arrêté. La Saint-Huberty n'a pas voulu chanter. Le 9 février, il faut encore changer l'affiche; l'actrice a fait dire tout à coup qu'il lui était impossible de chanter, quoique, la veille, Paris l'ait vue se *pannader* aux Bouffons.

Le 28 février, Dauvergne annonce comme une victoire que la Saint-Huberty a consenti à chanter les opéras proposés dans le répertoire... mais elle lui a annoncé qu'elle allait bientôt partir pour remplir ses engagements de province.

Enfin, le 5 mars 1789, il est convenu entre le directeur et l'actrice que, dorénavant, elle ne chantera plus qu'une fois par semaine, et le vendredi, le jour en beau monde et des présentations à Paris des nouvelles mariées.

XLVII[1]

Peut-être est-il intéressant de donner ici le répertoire des rôles créés par Mme Saint-Huberty de 1777 à la fin de 1788, et nous ne pouvons trouver de meilleurs et de plus authentiques documents que les livrets originaux d'opéras,

---

1. Au répertoire des rôles créés par Mme Saint-Huberty, je joins un assez curieux tableau des appointements et des gratifications de la chanteuse, composé des documents de l'ancien Opéra existant aux Archives nationales ou au nouvel

dont la bibliothèque de l'Opéra possède une si belle collection.

— 1777 —

Armide, tragédie en cinq actes remise au théâtre, le mardi 22 septembre 1777

Opéra, tableau, je dois l'avouer, offrant quelques lacunes et quelques contradictions.

1778-1779

Appointements : 2,000; gratification : 400.

1779-1780

Appointements : 2,000; gratification : 400.

1780-1781

Appointements : 2,000; gratification : 400; feux : 1,740.

1781-1782

Appointements : 2,500; gratification 500; feux : 884.
Je trouve quelque part mention d'une gratification de 1,000.

1782-1783

Appointements : 3,000 : gratification : 1,000.
Sur une autre liste on trouve qu'elle est copartageuse cette année et qu'elle touche 2,592 de feux.

1783-1784

Appointements : 3,000.
Elle a de plus une gratification de 3,000 pour se fournir de gants, bas, souliers, rouge, pommade, lacet, rubans et fleurs pour la coiffure : menus objets ayant coûté plus de 40,000 livres, les années précédentes, à l'administration, qui, par une délibération du 24 avril 1783, a fait un forfait consenti par les acteurs.

1784-1785

Appointements : 3,000; gratification annuelle : 3,000; gratification particulière : 3,000; total : 9,000.
Cette même année (23 novembre) est accordée par le roi

Un démon transformé sous la figure de Mélise,
Mme Saint-Huberty.

— 1780[1] —

Fragments composés des actes de LAURE ET
PÉTRARQUE, pastorale lyrique en un acte donnée

une pension de 500 livres à Mme Antoinette Clavel, dite Saint-Huberty, laquelle pension lui a été accordée sur le Trésor royal en considération de ses services en qualité d'actrice de l'Académie royale de musique. (*Archives nationales*, O¹ 672.)

1785-1786

Mêmes appointements et même gratification.

1786-1787

Je ne trouve aucune indication d'appointements au nom de la Saint-Huberty.

1787-1788

Même absence d'indication.

1788-1789

D'après un état du travail des sujets de l'Opéra pendant les 171 représentations qui ont eu lieu depuis Pâques 1788 jusqu'à Pâques 1789, la Saint-Huberty aurait fait son service dans 41 représentations et à raison, par chaque représentation, de 219 livres, 10 sols, 2 deniers.

Dans un relevé du nombre de fois que les sujets du chant et de la danse ont chanté ou dansé, je trouve pour la Saint-Huberty les chiffres suivants : Année 1780 : 79 fois. — Année 1781 : 66. — Année 1782 : 110. — Année 1783 : 49. — Année 1784 : 57. — Année 1785 : 36. — Année 1786 : 46. — Année 1787 : 30. — Année 1788 : 41. — Année 1789 : 44.

1. Je ne trouve pas mention du nom de la Saint-Huberty sur les livrets de 1778, de 1779. Mais pour l'année 1778, *le Journal de service des auteurs*, ou registre de comptabilité, nous apprend que la Saint-Huberty a chanté *Angélique* dans ROLAND, et *Phémie* dans ARMIDE, *l'Amour*, puis *Eurydice* dans ORPHÉE et EURYDICE. Pour l'année 1779, le registre, qui a une lacune, nous montre la Saint-Huberty remplissant tantôt le rôle de *Phémie* ou de *Sidonie* dans ARMIDE.

à Marly devant Leurs Majestés, le 24 octobre 1778, et de DAMETTE ET DE ZULMIS, intermède en un acte, représenté pour la première fois par l'Académie royale de musique, le dimanche 2 juillet 1780.

CHLOÉ, *Dame de Vaucluse, parente de Laure :* Mme Saint-Huberty.

DAMETTE ET ZULMIS, remis au théâtre avec des changements, le 34 septembre 1780.

Une Bohémienne : Mme Saint-Huberty.

LE SEIGNEUR BIENFAISANT, représenté la première fois à l'Académie royale de musique, le jeudi 14 décembre 1780.

LISE, *brue de Jullien :* Mlle Durancy, dont le nom est remplacé à l'encre par Saint-Huberty.

— 1781 —

L'INCONNUE PERSÉCUTÉE, comédie-opéra en trois actes, représentée pour la première fois par l'Académie royale de musique, le vendredi 21 septembre 1781.

LAURETTE, *femme de Florival :* Mme Saint-Huberty.

— 1782 —

THÉSÉE, tragédie lyrique en quatre actes, remise au théâtre, le 26 février 1783.

Églée, *princesse élevée sous la tutelle d'Égée, roi d'Athènes* : Mme Saint-Huberty.

Électre, tragédie en trois actes, représentée pour la première fois par l'Académie royale de musique, le mardi 2 juillet 1782.

Chrysothemis. Mme Saint-Huberty.

Ariane dans l'Isle de Naxos, drame lyrique en un acte, représenté pour la première fois par l'Académie royale de musique, le mardi 24 septembre 1782.

Ariane, *fille de Minos, roi de Crète* : Mme Saint-Huberty.

L'Embarras des richesses, comédie lyrique en trois actes, représentée pour la première fois par l'Académie royale de musique, le mardi 26 novembre 1782.

Rosette : Mme Saint-Huberty.

Le Seigneur bienfaisant, représenté pour la première fois avec le nouvel acte, le 23 décembre 1782.

Lise, *brue de Jullien* : Mme Saint-Huberty.

— 1783 —

Péronne sauvée, opéra en trois actes, représenté pour la première fois par l'Académie royale de musique, le mardi 27 mai 1783.

Marie, *sœur de Sainquentin* : Mme Saint-Huberty.

Didon, tragédie lyrique en trois actes, représentée à Fontainebleau devant Leurs Majestés, le 6 octobre 1783, et pour la première fois sur le théâtre de l'Académie royale de musique, le lundi 1er décembre de la même année.

Didon : Mme Saint-Huberty.

— 1784 —

Chimène ou le Cid, tragédie lyrique en trois actes, représentée à Fontainebleau devant Leurs Majestés, le 11 novembre 1783, et pour la première fois sur le théâtre de l'Académie royale de musique, le lundi 9 février 1784.

Chimène : Mme Saint-Huberty.

Tibulle et Délie ou les Saturnales, acte des Festes grecques et romaines, remis en musique, représenté pour la première fois sur le théâtre de l'Académie royale de musique, le lundi 15 mai 1784.

Délie, *dame romaine parente de Mécène* : Mme Saint-Huberty.

Les Danaïdes, tragédie lyrique en cinq actes représentée pour la première fois sur le théâtre de l'Académie royale de musique, le lundi 19 avril 1784.

Hypermnestre, *fille de Danaüs* : Mme Saint-Huberty.

Diane et Endymion, opéra en trois actes, représenté pour la première fois par l'Académie royale de musique, le mardi 7 septembre 1784.

Isménie, Mme Saint-Huberty ou, en son absence, Mlle Mulot.

— 1785 —

Panurge dans l'Isle des lanternes, comédie lyrique en trois actes, représentée pour la première fois par l'Académie royale de musique, le mardi, 25 février 1785.

Climène, *femme de Panurge* : Mme Saint-Huberty.

Pénélope, tragédie lyrique en trois actes, représentée pour la première fois devant Leurs Majestés, à Fontainebleau, le 2 novembre 1785, et à Paris sur le théâtre de l'Académie royale de musique, le mardi 6 décembre de la même année.

Pénélope : Mme Saint-Huberty.

— 1786 —

Alceste, tragédie-opéra en trois actes, représentée devant Leurs Majestés, à Fontainebleau, le 13 octobre 1785, et remise à Paris sur le théâtre de l'Académie royale de musique, le vendredi 24 février 1786.

Alceste : Mme Saint-Huberty.

Thémistocle, tragédie lyrique en trois actes,

représentée pour la première fois devant Leurs Majestés, à Fontainebleau, le 13 octobre 1785, et à Paris sur le théâtre de l'Académie royale de musique, le mardi 25 avril 1786.

MANDANE, *fille de Xerxès* : Mme Saint-Huberty.

PHÈDRE, tragédie lyrique en trois actes, représentée devant Leurs Majestés, à Fontainebleau, le 16 octobre 1786, et remise à Paris sur le théâtre de l'Académie royale de musique, le mardi 21 novembre 1786.

PHÈDRE : Mme Saint-Huberty.

ROLAND, tragédie lyrique mise en trois actes avec quelques changements, représentée pour la première fois par l'Académie royale de musique, le 27 janvier 1778, et remise au théâtre le 28 novembre 1786.

ANGÉLIQUE, *reine de Catay* { Mme Saint-Huberty. / Mme Mulot.

LES HORACES, tragédie lyrique en trois actes, mêlée d'intermèdes, représentée devant Leurs Majestés, à Versailles, le 2 décembre 1786, et pour la première fois sur le théâtre de l'Académie royale de musique, le jeudi 7 décembre de la même année.

CAMILLE : Mme Saint-Huberty.

— 1787 —

PÉNÉLOPE, tragédie lyrique en trois actes,

représentée pour la première fois devant Leurs Majestés, à Fontainebleau, le 2 novembre 1785, et à Paris sur le théâtre de l'Académie royale de musique, le mardi 6 décembre 1785, et remise au théâtre le mardi 16 octobre 1787.

Pénélope. Mme Saint-Huberty.

— 1788 —

Démophon : tragédie lyrique en trois actes, représentée pour la première fois par l'Académie royale de musique, le 2 décembre 1788.

Dircé, *fille d'Astor, femme d'Osmide* : Mme Saint-Huberty.

C'est le dernier livret d'opéra, où nous lisons le nom de Mme Saint-Huberty, mais l'année suivante, en 1789, l'opéra de Nephté, joué par Mlle Maillard, étale, en tête de la brochure, cette glorieuse dédicace pour la chanteuse de *Didon* :

« *A Madame*

« *Saint-Huberty*

« *de l'Académie Royale de Musique*

« Madame,

« Je vous offre un ouvrage qui avoit été fait pour vous et qui attendoit de vous son plus bel ornement. Puissent tous ceux qui courent la

carrière des lettres, oublier, comme moi, qu'il
est des personnes riches et puissantes, et ne se
souvenir dans leurs dédicaces que de l'esprit et
des talens.

« HOFFMANN[1]. »

XLVIII

Le comte d'Antraigues avait été envoyé, en
1789, à l'Assemblée nationale par l'ordre de la
noblesse du Bas-Vivarais. Ses brochures de 1788
sur les « Droits du peuple » et la Constitution
de la monarchie » en faisant l'apôtre de la vérité,
l'idole de la nation, le coryphée des écrivains
qui avaient écrit sur la matière, ainsi que s'ex-
prime l'*Avis par un baron du Languedoc*.

Le comte ne commençait-il pas son premier
mémoire par ces lignes : « Ce fut sans doute
pour donner aux plus héroïques vertus une
patrie digne d'elles, que le ciel voulut qu'il
existât des républiques, et peut-être, pour punir
l'ambition des hommes, il permit qu'il s'élevât
des grands empires, des rois, des maîtres. »

1. Il faut dire que c'était la Saint-Huberty qui avait pré-
senté l'Opéra de *Nephté*. Nous trouvons dans les papiers de
l'Opéra, à la date du 30 septembre 1787 : « Saint-Huberty
ayant parlé à MM. Francœur et La Suze de *Nephté*, le 17 courant, et les ayant priés de le faire enregistrer, ils l'ont fait,
sous la condition qu'elle enverrait le poème pour être lu au
comité, sans quoi l'enregistrement serait nul. »

N'accusait-il pas la noblesse d'avoir formé dans *la nation une nation particulière, un ordre séparé de l'État, qui avait enchaîné le peuple pendant des siècles?* N'émettait-il pas enfin cette déclaration solennelle : « Le Tiers-État est le peuple, et le peuple est la base de l'État; il est l'État lui-même. Les autres ordres ne sont que des divisions politiques, tandis que le peuple est tout par la loi de la nature, qui veut que tout lui soit subordonné et que son salut soit la première loi de l'État et le motif qui les autorise toutes. C'est dans le peuple que réside la toute-puissance nationale, c'est par lui que tout l'État existe et pour lui seul qu'elle doit exister[1].

La popularité du comte était de courte durée. C'était un esprit mobile, avec une parfaite sincérité en ses changements et ses métamorphoses, une imagination méridionale, s'enflammant tour à tour de l'ambition de jouer le rôle d'un défen-

---

1. *Mémoires sur les États généraux, leurs droits et la manière de les convoquer,* par M. le comte d'Antraigues, sans lieu d'impression, 1788. Ces mémoires ont eu plusieurs éditions. — *Second mémoire sur les États généraux, sur les pouvoirs que doivent donner les bailliages à leurs représentans et sur la constitution des États de la Provence et du Languedoc,* 1789. — *Supplément à la première et à la seconde édition des « Mémoires sur les États du Languedoc »,* contenant quelques observations sur les pouvoirs que doivent donner les bailliages à leurs représentants, 1789. — En 1789, le comte d'Antraigues, au milieu de ses travaux législatifs, publiait : *Mémoires sur les mandats impératifs; Mémoire sur le rachat des droits féodaux déclarés rachetables par l'arrêté de l'Assemblée nationale;* et le 4 août 1789, *Observations sur le divorce.*

seur de la liberté et du peuple, de se faire le
champion de l'antique noblesse, de se montrer le
serviteur de la royauté dans des circonstances
difficiles. On l'avait vu déjà abandonner un ministre séduisant qu'il avait tendrement aimé,
négliger une duchesse pleine de raison et de
caractère dont il était un des fidèles, ne pas
tenter de défendre un magistrat courageux qui
lui était cher, mais qui avait été abandonné de
l'opinion publique. Peut-être y avait-il bien au
fond de l'homme politique, devant le spectacle
que lui offrait la cour, en présence de tant de
nullités comblées de faveurs et d'argent, — lui
un homme supérieur et capable d'imprimer à
une assemblée une marche active, — le dépit de
n'avoir pour théâtre que sa province[1].

Ses discours, à l'Assemblée des 10 et 11 mai
1789, ne satisfaisaient, parmi ses mandataires
ni ceux qui voulaient la séparation par ordre,
ni ceux qui voulaient la réunion des trois ordres.
Il se montrait sans enthousiasme pour la nuit
du 4 août, ayant pris l'engagement de ne pas
laisser porter atteinte à la propriété féodale. Des
lettres ironiques lui mandaient qu'il fallait prendre
un parti, changer d'opinion ou perdre ses revenus. Le papier imprimé murmurait autour de
lui : « Le noble reparaît et le héros s'évanouit. »

---

1. *La Galerie des États généraux*, 1789. Antenor.

Après les journées d'octobre, devant la défaveur qui s'était faite autour de son nom dans le
Vivarais, tout en manifestant son horreur pour
ces journées, il n'osait suivre l'exemple de Mou-
nier, se retirer de l'Assemblée.

A Paris, un impitoyable pamphlet de Mirabeau[1] avait déjà tué la popularité de l'écrivain
et du législateur. Le pamphlétaire plaisantait le
comte d'Antraigues sur la volte-face de ses opi-
nions, de sa plume, de son éloquence, qui,
après avoir traité les nobles « d'assemblage
d'hommes affreux », après avoir proclamé que
le Tiers était tout, disgraciaient ce pauvre Tiers,
et déclaraient qu'il n'était plus rien et que les
privilégiés étaient tout.

Il mettait en doute son orthographe et sa syn-
taxe, affirmant que son mémoire avait été rédigé
par un professeur du Puy, M. Malosse. Il engageait également les gens à ne pas porter un œil
trop indiscret sur l'arbre tronqué de sa généa-
logie, disait qu'il s'était fait d'Antraigues au
grand étonnement de son père, qui n'avait jamais
cru descendre de cette noble maison, avançait
enfin qu'il n'était pas un d'Antraigues, mais un
d'Entraigues, tirant son nom d'une petite habitation bâtie dans un marais. Il terminait en rail-
lant le comte, sur sa tranquille assurance dans

1. *Lettre de M. le comte de Mirabeau à M. le comte d'An-*
traigues.

la contradiction. Le comte répondait en répudiant ses naïves illusions, son ivresse d'espérances folles, en assurant avoir écrit son livre pour un autre peuple, et non pour le peuple cruel de l'heure.

On accusait alors publiquement le comte d'Antraigues d'apostasie. Il était dénoncé par les journaux aux vengeances populaires. Des lettres anonymes le menaçaient tous les jours d'assassinat.

Dans un court séjour qu'il faisait à Bourg, en Bresse, au mois de mars 1790, sur l'accusation déposée par quelques-uns de ses collègues d'avoir parlé pour empêcher les citoyens de payer leurs contributions, une instruction était commencée contre lui, contenant, dans une enquête de 230 pages, les dépositions de l'aubergiste, des servantes, des valets d'écurie de l'auberge et des perruquiers de la ville[1].

XLIX

Le 3 avril 1790, Mme de Saint-Huberty prenait un passeport pour se rendre à Genève avec

[1] *Lettre de Louis d'Antraigues à M. Des... sur le compte qu'il doit à ses commettants sur sa conduite aux Etats généraux*; Paris, 1790 (31 août).

une femme de chambre et deux domestiques [1].

Arrivée en Suisse, elle fixait sa résidence dans une campagne, aux environs de Lausanne, où se trouvait déjà le comte d'Antraigues, qui avait pris le parti d'émigrer. Le comte logeait en face et venait prendre ses repas chez sa maîtresse. Les deux amants restaient à peu près trois mois dans cette campagne; de là ils allaient, dit une déposition de la femme de chambre Sibot, habiter, dans le bailliage de Mindrisio, le château de San-Pietro appartenant au comte de Turconi, où ils restaient jusqu'à la mort du Roi [2].

[1]. Voici le passeport original de Mme Saint-Huberty, conservé dans son dossier d'émigrée, aux Archives nationales :

« DE PAR LE ROY

« *A tous nos gouverneurs et nos lieutenants généraux en nos provinces et armées, gouverneurs particuliers et commandans de nos villes, places et troupes, et à tous autres, nos officiers, justiciers et sujets qu'il appartient, salut. Nous voulons et vous mandons très expressément que vous ayiez à laisser librement passer la dame Saint-Huberty allant à Genève avec une femme de chambre et deux domestiques.*

« *Sans lui donner ni souffrir qu'il lui soit donné aucun empêchement; le présent passeport valable pour un mois seulement. Car tel est notre plaisir.*

          « Donné à Paris, le 3 avril 1790.
          Louis,
              PAR LE ROY
                  « de Montmorin. »

Sur ledit passeport sont rayés les *De par le Roy* du commencement et de la fin et le nom de *Louis.*

[2]. Mme Saint-Huberty aurait fait, sur le dire de sa femme de chambre, un voyage à Paris en 1791 et aurait pris logement chez un M. Guillaume. D'après une note trouvée dans

Le 29 décembre 1790, un mariage secret était célébré entre le comte d'Antraigues et la Saint-Huberty, par le curé Bancaldi, en l'église Saint-Eusèbe, paroisse de Castel de San-Pietro.

Pour des raisons graves à lui connues, l'évêque de Côme avait donné dispense de faire les proclamations usuelles, dispense aussi de toutes recherches et preuves ultérieures et postérieures, avait enfin accordé la faculté de contracter mariage ensemble, dans quelque temps,

les papiers de la chanteuse, ce voyage aurait eu lieu en 1790. La Saint-Huberty allait régler définitivement sa position avec l'Opéra, sauvegarder sa propriété sur la maison de Groslay dont nous avons déjà parlé, enfin toucher une rente de 8,000 livres due par le duc d'Orléans, auquel la chanteuse avait prêté à fonds perdu, en 1787, 80,000 livres, toutes ses économies. Sa maison vendue par la Convention — nous avons lieu de le croire d'après la lettre de Feydel et l'arrêt du 24 germinal an III — lui était remboursée, mais avec la dépréciation énorme que subissaient les assignats en 1795. Quant à la rente de 80,000 livres, elle ne la touchait plus, à partir de 1791. Elle adressait alors un mémoire de l'étranger où elle se défendait d'être française, disant être née accidentellement à Strasbourg d'un père saxon et déclarait que si, à la rigueur, on voulait la considérer comme Française, elle devait bénéficier de l'article 8 de la loi du 6 août 1791 :
« Sont exceptés des dispositions ci-dessus... ceux qui se sont absentés en vertu de passe-ports en due forme pour cause de maladie. » Or, elle réclamait le bénéfice de cette exception, disant que, tombée malade en 1789 d'une maladie excessivement grave, elle avait sollicité un congé de l'Opéra à cette époque pour voyager à l'effet de rétablir sa santé et que, rentrée toujours malade en 1790, elle avait obtenu de l'Opéra un congé illimité et voyagé de nouveau. La réclamation de la Saint-Huberty n'amenait rien, et une note du fils établit qu'en 1812, année de la mort de sa mère, les arrérages de la rente n'avaient pas été touchés depuis vingt et un ans, depuis 1791. (Papiers de la Saint-Huberty, papiers relatifs au procès du comte Alexandre d'Antraigues avec les Génies, la sœur et le beau-frère de la Saint-Huberty. Collection de Goncourt.)

quelque heure, et dans quelque lieu que ce soit.

Le lendemain de la célébration du mariage, le comte d'Antraigues remettait à sa femme cette lettre :

« Je peux mourir, ma chère femme, et l'on ne sauroit s'acquitter trop tôt du plus saint des devoirs.

« Il est possible qu'il manque à notre union quelques-uns des caractères, qui suivant la loi de France, sont exigés pour y légaliser les mariages, et des circonstances impérieuses peuvent m'empêcher de les remplir de longtemps.

« Si je venois à mourir avant cette époque, je veux que vous puissiez rendre à ma mémoire l'honneur que vous lui devez en vous rendant à vous-même celui qui vous est dû.

Je déclare donc qu'après sept ans d'amitié, de confiance réciproque, j'ai uni par le mariage à ma destinée celle qui avoit eu le courage de vouloir partager mes malheurs; que, le vingt-neuf décembre mil sept cent quatre-vingt-dix, après avoir obtenu de l'évêque de Côme la dispense pour la publication des bancs et la permission de nous marier à l'heure et dans le lieu qui nous plairoit, je vous ai épousée dans le château de Castel San-Pietro, devant deux prêtres témoins.

« Avec plusieurs raisons pour exiger le secret de ce mariage, je ne vous ai pas caché la plus impérieuse de toutes : le chagrin qu'en avoit ma digne et respectable mère[1], mais je la connoissois : si elle n'avoit plus que de pleurs à donner à ma mémoire, elle pardonneroit le secret de notre union et ne verroit que la femme de son fils dans celle qui veilla sur ses destinées, qui en adoucit la rigueur et qui reçut les derniers soupirs de son cœur. »

Quoique les deux amants n'eussent emporté, dans leur départ précipité, que quelques milliers d'écus et que le comte ne touchât pas une pension où une gratification des cours étrangères avant 1793, le ménage vivait noblement, voyant très peu de monde cependant, et ne recevant guère que le curé et le prêtre Macher, qui venait dire la messe, tous les dimanches, à la chapelle du château de San-Pietro. Le domestique attaché à la comtesse se composait du ménage Sibot,

1. La vieille comtesse d'Antraigues éprouva un grand chagrin de ce mariage, qui ne lui présageait rien de bon pour l'avenir, et à la lettre de la nouvelle comtesse lui présentant ses devoirs de belle-fille, au mois de janvier 1798, elle répondait par ces courtes lignes :

« Ce titre de mère que vous me donnez, ma chère fille, me fait espérer que vous recevrez avec plaisir celui-ci comme un témoignage de l'amitié que je vous offre; c'est un bien que le cœur seul doit apprécier; le vôtre doit quelques sentiments à la mère de votre époux; je sais que vous faites son bonheur et sa consolation. Puissiez-vous être heureux tous trois! Je vous remercie des choses obligeantes que vous voulez bien me dire. Je ne puis contribuer à votre satisfaction mutuelle que par mes prières, que j'offre à Dieu plusieurs fois par jour. » Et le restant de la lettre s'adressait directement à Jules d'Antraigues, au petit-fils âgé de six ans.

auquel elle avait joint un ancien marchand de baromètres qu'elle avait pris à son service.

Dans les derniers mois de l'année 1791, la comtesse d'Antraigues devenait enceinte. Le mariage ayant été gardé secret, les époux voulurent que la naissance de l'enfant ne fût pas connue sur les lieux, et quand sa grossesse devint visible, la comtesse, en compagnie de sa femme de chambre, alla s'enfermer trois mois dans une ferme de la campagne. Lorsque l'accouchement approcha, elle vint prendre logement chez un médecin d'un petit village, aux environs de Milan, dont la maison était toute pleine d'ossements et de têtes de mort. Une sage-femme était établie chez le médecin, et le garçon dont accouchait la comtesse d'Antraigues était aussitôt en nourrice.

Le 28 juin 1792, l'enfant né le 26 chez le médecin, était baptisé dans l'église de Greco par Bancaldi, sous les noms de Pierre-Antoine-Emmanuel-Jules, comme né de l'illustre comte Emmanuel-Louis-Alexandre-Henri de Launai, comte d'Antraigues, et de dame Antoinette Clavel. Il avait pour parrain Jean Sibot, qui venait d'épouser la femme de chambre de la Saint-Huberty, tenant l'enfant sur les fonts par procuration du révérend Pierre Maidieu, vicaire général de Troyes en Champagne, qui avait été précepteur du comte d'Antraigues; la marraine était la femme de chambre. Il était convenu avec les Sibot que, lorsque l'enfant serait retiré de nourrice, il resterait avec eux, qu'il passerait pour leur enfant, qu'ils le déclareraient hautement à tout le monde.

La comtesse d'Antraigues rétablie de ses couches, tout le monde revenait à Mindrisio[1].

L

Au milieu de cette vie d'amant et de père dans l'exil, l'homme politique, l'ancien constituant suivait les événements qui se passaient dans sa patrie, et de ce coin de la Suisse italienne où il vivait avec l'ancienne chanteuse de l'Opéra, il combattait les hommes et les choses de la nouvelle France, dans une série de brochures où il se faisait porte-voix de la contre-révolution. Le 1er octobre 1791, il lançait de Milan une protestation « contre les décrets rendus par la soi-disant Assemblée nationale, depuis le 17 juin 1789 jusqu'au dernier jour où elle aura cessé d'exister[2] ».

---

1. Demandes et réponses de Mme Masson (premièrement mariée au sieur Sibot), ancienne femme de chambre de feu Mme Anne-Antoinette Clavel, dite Saint-Huberty (pièce manuscrite).

2. *Protestation de M. Emmanuel-Louis-Alexandre de Launai d'Antraigues, député de l'ordre de la noblesse du Bas-Vivarais aux États généraux de 1789.*

« Je déclare, disait-il, que, fidèle à mon Roi, mais reconnoissant que les premiers devoirs sont tous envers Dieu, je ne reconnoîtrai jamais la volonté légitime et libre dans son acceptation ou sanction de décrets impies et criminels, qui tendent à détruire la religion catholique, apostolique, romaine. Je déclare que, toujours soumis à l'autorité du Roi, je reconnois, néammoins, qu'il ne dépend pas de lui, fût-il en pleine liberté, d'attaquer et de détruire les bases de la monarchie dont il n'est pas le propriétaire, mais l'usufruitier. »

Dans *Point d'accommodement*, le comte d'Antraigues s'écriait : « La France a essuyé, depuis deux ans, toutes les calamités que la colère du ciel, longtemps irrité, peut verser sur les empires. Elle a vu sa monarchie s'écrouler, sa religion s'anéantir, tous les ordres de l'État se détruire ; elle a vu tout un peuple, ivre de crime et de sang, se changer en un troupeau de tigres.... » Il terminait sa *Dénonciation aux Français catholiques* par cette péroraison qui ne manquait pas de grandeur : « Mais, quelle que soit notre destinée, un bonheur est né pour nous de l'excès de nos maux : c'est la nécessité de mourir ou de vaincre. Au courage de l'honneur s'est réuni celui du désespoir ; le combat est à mort entre les coupables et nous... nous pouvons dire ce que Caractacus disoit à ses soldats poussés par les Romains aux dernières limites de leur empire : « Ita prælium atque arma, quæ fortibus honesta, eadem etiam ignavis tutissima sunt. »

Cette guerre de la plume était menée par le comte, en même temps qu'il engageait des relations avec les hommes d'État hostiles à la Révolution, qu'il se mettait en rapport avec les chancelleries étrangères, qu'il fouettait par une correspondance énorme, les peurs et les rancunes des cours de Londres, d'Allemagne, d'Autriche, de Russie, qu'il nouait enfin le [illegible] des intrigues et des machinations occultes qui allaient si longtemps, en dépit des succès des armes françaises, rendre douteux l'établissement du nouvel ordre de choses.

Parmi les royalistes, le comte d'Antraigues c'était le *Beau-conjuré*. On le nommait [illegible] et on le peignait comme une espèce de [illegible] de la royauté, prêt à demander, à la rentrée de Monsieur, « ses quatre cent mille têtes[1]. »

---

1. Toutes sortes de légendes ont couru sur le compte de l'écrivain royaliste. La *Biographie universelle* [illegible] sans y ajouter cependant une foi absolue, ne craint [illegible] ôter cette [illegible] du comte, lors de son séjour à [illegible] quelques [illegible] de la [illegible] « Ici, quand un homme [illegible] homme servant la révolution me gêne, [illegible] je me presse de le rembucher, je le comble de politesses, et une tasse de chocolat servie à propos m'en débarrasse. »

LI

En 1795, le comte d'Antraigues et la Saint-Huberty quittaient Mindrisio pour gagner Venise. A Vérone, au dire de la femme Sibot, la Saint-Huberty, jalouse de sa beauté, se séparait de sa femme de chambre qui reprenait avec son mari le chemin de la France. Le comte et la comtesse vivaient près d'un an à Venise, travaillant à de la politique ténébreuse, dans l'appréhension continuelle de ces victoires républicaines qui, tous les jours, rapprochaient l'armée française de la ville des doges, et, au fond, assez peu rassurés par le brevet en date du 15 décembre 1795, qui attachait le comte à la légation de Russie auprès de la Sérénissime République de Venise, et le mettait sous la protection immédiate de l'Impératrice[1].

---

1. Mon jeune ami Frédéric Masson, l'historien du *Département des affaires étrangères*, l'éditeur des *Mémoires du cardinal de Bernis*, si savamment annotés, me communique ces lettres de Las Casas, l'ambassadeur d'Espagne près la république de Venise, lettres relatives au séjour de la Saint-Huberty dans cette ville en 1793 et 1794. et faisant partie des Archives au ministère des affaires étrangères.

Lettre du 6 avril de Las Casas. — « Mme Saint-Huberty peut compter. pendant son séjour ici, sur tout ce qui dépendra de moi; elle est votre amie, elle a un grand talent, beaucoup d'esprit et d'amabilité : mon lot n'est pas mauvais; d'autres

LII

Enfin, le 16 mai 1797, un corps de troupes françaises débarquait sur la Piazetta, et le géné-

auront des femmes bêtes qui leur seront adressées et qu'ils devront courtiser. »

Lettre du 27 avril. — « Mme Saint-Huberty arrivera très à propos. L'Opéra commence à ce que je crois le 4. »

Lettre du 4 mai. — « Vous avez bien fait de m'écrire par le courrier le 30 avril, puisque la Saint-Huberty, porteur de votre lettre, n'est pas encore arrivée. Tout sera fait comme vous le désirez; je lui offrirai et lui donnerai l'argent qu'elle voudra; je payerai à la Lorrene le loyer de 4 mois pour votre chambre, à raison de 3 sequins par mois, et je lui dirai de ne pas recevoir d'argent pour celle de la femme de chambre de Mme Saint-Huberty, et que pour vous, vous continuerez à garder la même chambre chez elle au même prix. »

Lettre du 11 mai 1793. — « Mme Saint-Huberty arriva dimanche 5, assez fatiguée; elle a une santé très délicate et, pour la ménager, ne prend du tourbillon de Venise que la très petite partie qu'il faut pour apercevoir un peu de tout; nos opéras ne lui ont pas déplu; mais les heures de représentation la gênent beaucoup; elle a de l'amabilité, de l'esprit et une grande douceur qui, dans les femmes, est la meilleure des qualités. »

Lettre du 26 septembre 1793. — « Bien loin d'aller à Paris et de rechercher une sauvegarde pour la maison de Mme Saint-Huberty, il paraît qu'il faut en chercher une pour les Pays-Bas. »

Lettre, sans date, de 1793. — « Je prie le cher 88 de dire à Mme Saint-Huberty, de la part de Mme Las Casas, que si elle n'a rien de mieux à faire, elle devrait venir ici, en sortant de son dîner, c'est-à-dire ici chez le ministre de Malte à San Antolini, pour entendre toucher du clavecin ce même amateur qu'elle a entendu, M. de Micheroux. Si Mme de Saint-Huberty était un peu en voix, elle ferait un charmant cadeau en prenant avec elle quelques airs italiens.

Il est sous-entendu qu'on désire que 88 et le reste de la compagnie viennent avec Mme de Saint-Huberty.

N. B. — Il n'y a pas ici d'autre femme, Mme de Las Casas est seule. J'ignore la réponse de Micheroux. Si on n'a pas pu

ral de division Baraguay d'Hilliers prenait possession dans la journée de la ville de Venise.
Sur les murs de la vieille cité aristocratique était
affichée la liste des 60 membres composant la
nouvelle municipalité, parmi lesquels figurait

recevoir dans la loge Mᵐᵉ Saint-Huberty, elle aura une
place dans celle de Mᵐᵉ Las Casas; mais comme elle a une
autre dame encore, elle est fâchée de ne pouvoir en offrir
autant à Mᵐᵉ de Neuwirt.
 « *De chez le Jacobin, venez le convertir.*

 Lettre, sans date, de 1794. — « Mᵐᵉ Saint-Huberty, Campos
vient de me dire dans ce moment que vous venez dîner avec
nous. C'est un jour mauvais pour M. le comte, puisque nous
mangeons maigre. Si vous vouliez donc le transporter au
jour de Pâques, j'en serais plus contente, etc. »
 Lettre, sans date, de 1794. — « Je puis assurer Mᵐᵉ Saint-
Huberty que Mᵐᵉ Las Casas aurait été ravie de la voir
ces jours-ci, soit chez elle, soit au Casin, et que plus elle lui
aurait procuré ce plaisir, plus elle l'aurait obligée. Mᵐᵉ de
Saint-Huberty aura demain vendredi, celle des deux loges
qu'elle désirera : il suffit que je sache le matin celle qu'elle
préférera, afin de n'en pas disposer. Je n'ai été nullement à
moi ces jours-ci, une course que je vais faire, mille arrangements qui doivent la précéder, des tas de papiers en désordre et à mettre en ordre, tout cela m'a presque cloué chez
moi, et il faut avoir du guignon pour que le séjour de Mᵐᵉ
Saint-Huberty à Venise se soit précisément trouvé dans cette
circonstance. Je la prie de me faire savoir l'argent qu'elle
désirera avoir et en quelles espèces. Je lui renouvelle tous
les sentiments qui lui sont si justement acquis. »
 Enfin, pour grossir un peu cette très incomplète étude de la
vie du ménage du diplomate et de la chanteuse à Venise,
donnons un curieux fragment de journal, encarté dans le dossier de l'émigrée Saint-Huberty.
 Au moment où elle demandait sa radiation d'émigrée, afin
de rentrer en possession de sa propriété de Groslay, Leblanc,
membre du conseil général de la commune, et administrateur
du district de Gonesse, adressait aux représentants du peuple
composant le Comité de salut public un rapport dont j'extrais
le passage suivant :
 « En supposant que cette femme fût réellement dans le cas,
comme artiste, de la faveur de la loi, peut-elle en jouir comme
compagne d'un émigré, tel que d'Entraigues, avec lequel elle

le gondolier appelé, dans le quartier Saint-Nicolas, le doge des Nicoletti. Monté sur une marche des Procuraties, le fameux avocat Gallino lisait une proclamation. On criait beaucoup : « Evviva la Libertà, la Municipalità ! » et sur la place Saint-Marc, le peuple s'apprêtait pour l'après-dîner à danser la carmagnole qu'allaient lui montrer deux ou trois soldats français[1].

La libre Venise et ses lagunes devenaient un terrain peu sûr pour les émigrés, les royalistes, les agents diplomatiques des chancelleries hostiles à la Révolution. Et dès le matin, à dix heures, le ministre de la Russie, Mordiwinoff, qui

continue à vivre. suivant les nouvelles insérés dans le journal l'*Instituteur national*, article suisse, que vous trouverez plus loin. »

Et voici l'article suisse :

« Extrait d'une lettre de Lausanne du 13 avril.

« D'Antraigues a cru se donner de la considération à Venise, en prenant le titre du ministre du *Régent* et en se mettant en correspondance avec le cabinet de Madrid. Ce noble vit avec la chanteuse Saint-Huberty, dont on assure qu'il a fait sa légitime épouse. Il l'a fait décorer par *Monsieur* du cordon de Saint-Michel qu'il lui a accordé à titre d'artiste célèbre, et dont elle pare sa large poitrine aux spectacles et aux promenades. Rien n'est si plaisant, disent les voyageurs, que de voir d'Antraigues donner ses audiences aux émigrés et leur promettre sa protection pour les cours d'Espagne et d'Italie, mais ce qui outrepasse le ridicule, c'est ce que se permet ce ministre de nouvelle fabrique : lorsqu'un émigré se laisse mourir à Venise, il se transporte d'autorité à la maison du défunt, fait un bref inventaire de ses effets, s'applique ce qui lui convient le mieux, et appose sur le reste le sceau fleurdelisé de la Régence. » (L'*Instituteur national*, n° 129 du 9 floréal de l'an III, mardi 28 avril 1795.)

1. *Souvenirs d'un émigré* de 1707 à 1880. Paris, 1843.

s'était fait délivrer la veille un passeport par le secrétaire de la légation française Villetard, quittait la ville, en compagnie de ses conseillers et attachés, parmi lesquels figuraient le comte d'Antraigues, suivi de la Saint-Huberty et de son enfant.

Arrivées à Trieste, les voitures de la légation russe étaient entourées de baïonnettes. On faisait descendre les hommes qu'on menait devant Bernadotte en robe de chambre.

Le ministre de Russie remettait le passeport de Villetard à Bernadotte, qui lui disait brusquement :

— Monsieur sans tergiverser, montrez-moi où est le comte d'Antraigues.

— C'est moi ! faisait d'Antraigues.

— Eh bien, je vous arrête.

Sur une protestation de Mordiwinoff, qui déclarait le comte attaché au service de la Russie, Bernadotte ne faisait d'autre réponse que : « Je veux l'arrêter ! » et l'on renvoyait le ministre et sa suite.

Là-dessus, le commandant de la place annonçait au comte qu'il allait partir dans quatre heures pour le quartier général à Milan.

Le comte d'Antraigues obtenait de faire rappeler le ministre de Russie pour confier à ses soins la Saint-Huberty. Mordiwinoff lui annonçait qu'elle s'était déjà refusée à demeurer au-

près de lui, qu'elle voulait partager son sort, sa
captivité.

Alors d'Antraigues, qui avait, par respect pour
les préjugés d'autrui, caché son mariage, qui
avait dissimulé l'état de son fils, encouragé en
cela, dit-il, par cette âme indomptable et fière
qui l'avait impérieusement exigé par égard pour
la famille, pour la fortune du comte, alors —
d'Antraigues trouvait le moment venu de réparer
cette longue offense.

« Aussitôt je déclarai à mes tyrans, écrit-il
dans son mémoire, que j'étois marié, que j'avois
un fils, que je demandois à le voir : on me
l'accorda. Elle vint avec ce cher enfant de cinq
ans qui se jeta sur moi. Pour elle, pleine de courage, elle me tendit la main, et pour la première
fois enfin je la nommai ma femme. Ce moment,
qui la rendit à jamais à moi, me fit oublier mes
fers, mes persécuteurs, l'avenir et le présent.
Voilà l'obligation que j'ai à mes persécuteurs.
Publier celles que j'ai à ma femme en ces af-
freuses circonstances, n'est pas encore en mon
pouvoir.

« Jamais il n'a existé un courage plus ferme,
une âme plus maîtresse d'elle-même, un caractère plus fort dans l'adversité; jamais on n'a vu
plus de sécurité dans l'infortune. »

La Saint-Huberty était obligée de laisser fouil-
ler les coffres, les malles du comte, sous peine

de voir saisir les papiers de la légation russe;
et, le portefeuille du comte,pris et scellé, on
permettait à d'Antraigues d'emmener sa femme
et son enfant dans une voiture séparée.

Et les deux voitures, escortées de vingt dra-
gons, quittaient Trieste le 23 mai, à quatre
heures du matin, et arrivaient par d'accablantes
chaleurs, le 26 mai, à Milan.

A son arrivée, le comte était mené chez le
commandant de la place, qui le séparait aussitôt
de sa femme, le faisait conduire dans un couvent
affecté à la garde des prisonniers de guerre, où
il couchait sur un mauvais grabat avec une sen-
tinelle au pied de son lit.

Le 30, le comte était conduit au château de
Milan et logé dans le cachot n° 10, un réduit de
douze pieds de longueur sur six de largeur.

Le 1er juin, on lui signifiait qu'il fallait partir
pour Paris, départ qu'on remettait cependant,
vu l'état de sa santé. Mais dans la nuit du même
jour, une voiture le conduisait, à trois lieues de
Milan, dans un endroit où il avait une con-
férence de deux heures avec Bernadotte, en
présence de Berthier. On lui demandait des
explications sur les papiers trouvés dans son
portefeuille, et qui avait été ouvert sans qu'il
fût présent à l'inventaire. Il était question surtout de la fameuse pièce, où le rédacteur se donnait comme le créateur de la coalition formée

entre Berlin, Vienne et Madrid, pièce dont l'impression allait servir le Directoire pour faire son coup d'État du 18 fructidor (4 septembre 1797).

Il se défendait d'être l'auteur de cette pièce, disant qu'il y avait dix-neuf ans qu'il avait été à Vienne, et qu'il n'avait jamais mis les pieds à Berlin et à Madrid. Bernadotte ne prenait pas de décision, et d'Antraigues rentrait dans son cachot[1].

La comtesse d'Antraigues, demeurée à Milan, courait la ville, sollicitant du matin au soir, demandant la mise en liberté de son mari, ou tout au moins une captivité moins sévère[2].

LIII

Les démarches, les sollicitations de la comtesse d'Antraigues avaient un heureux résultat. Sur un engagement d'honneur, en date du 9 juil-

1. *Pièces trouvées à Venise dans le portefeuille de d'Antraigues et écrites entièrement de sa main. — Ma conversation avec M. le comte de Montgaillard, le 4 décembre 1796.*

2. *Mémoire du comte Emmanuel-Henri-Louis-Alexandre de Launai d'Antraigues, attaché à la légation de Russie à Vienne, arrêté sous les yeux du ministre de Russie à Trieste, le 22 mai 1797, par le général Bernadotte et détenu dans le fort de Milan. — Lettre de Vérone datée du 26 mai 1796. — Lettre du fort de Milan, loge n° 10, datée du 4 juin 1797 : les deux lettres adressées à Bonaparte. Ces trois pièces sont données dans les Souvenirs d'un émigré.* Paris, 1843.

let 1797, le comte obtenait la permission de
garder les arrêts chez lui, avec la faculté de
pouvoir se rendre aux bibliothèques et de se
promener dans la ville. Mais le 25 août, soit
qu'il craignît un voyage forcé à Paris, soit qu'on
lui donnât sous main la permission de sortir
secrètement du Milanais, il disparaissait de
Milan, sans que les personnes habitant la même
maison que le ménage d'Antraigues, eussent le
moindre soupçon de sa fuite, voyant la Saint-
Huberty, pendant les quatre ou cinq jours qui
suivirent sa disparition, occupée à faire d'une
manière ostensible des bouillons, à préparer des
remèdes, en disant que son mari était malade[1].

Le comte d'Antraigues avait laissé à la comtesse la lettre chiffrée que voici :

« Ce 25 août 1797, à quatre heures du matin,
au moment de ma fuite, si Dieu daigne bénir mon
entreprise, ma chère femme fera tout ce qu'elle
pourra pour venir me rejoindre à 7 17 12
                                        I   n   s
16 18 9 3 22
p   r   u   c   k.

« Ce sera le point de réunion.

« Les lettres dont elle aura besoin, elle les prendra en papier sur Vienne, c'est-à-dire en lettres

1. *Journal de Paris*, 9 octobre 1797.

de change tirées sur Vienne à diverses époques
mais il faut bien soigner que le tireur et les
endosseurs soient connus. Il n'y a qu'un banquier qui puisse faire ce travail. Si elle ne prend
pas de papiers qui aient été « commercés »,
alors il faut les prendre d'un banquier solide si
faire se peut sur 16 5 17 24 5 11 9.

« Les papiers du portefeuille rouge, on les
peut laisser, s'il est possible de les faire partir
avec la voiture 7 7 12 8 9 11 15 14
17 ou les confier au père nourricier ou à d'autres. Ceux qui ont trait à mon affaire, il seroit
bon de les emporter.

« Si je suis repris, ma femme m'enverra là où
on me mettra, mon nécessaire, ma malle et mes
livres, la petite vache de mon linge et habit :

8 7 12 16 14 11 3me 8 11 1
                  l e   C l a
14 7 9 11 12 8 13 12 5 11 1 9
  r e n d on   m e c r i
17 9 11 11 24 14 11 5 14 24 9 11
  r e et   le e m e t t r e
8 7 12 16 14 7 5 7 14 14 11.
 d a n s l a ma l l e

« Elle prendra l'argent qu'a 5 7 8 11 9
                       M a d e r
12 17 et me le fera parvenir pour moi.
n

« Avec tout le reste elle partira pour Paris.

« Arrivée en Suisse, elle écrira au comte 16 24 1
                                                s t a
22 11 14 10 11 9 4 10 7 24 3 9 17 12
c   k e l b e r g à T u r i n
et aussi 7 14 7 10 10 11 8 11 18 13 12 16
         a l a b b é d e P o n s
chez 14 7 8 7 9 24 15 17 16. Elle
        A r t   o   i   s.
enverra au premier une lettre 5 15 98 17
23 17 12 15 20 20 où elle lui racontera mon
second accident, elle l'écrira aussi 1 15 5 24
                                     C o m te
11 8 14 17 16 14 11 2ᵉ enveloppe, la 1ʳᵉ
d e L i s l e
a 13 11 12 12 11 10 11 9 4 8 17
  H e n n c b e r g d i
9 11 1 24 11 3 9.
r e c t e u r
8 11 16 18 15 16 24 11 16 7
d e s p o s t e s à
10 14 7 13 22 11 12 10 15 3 9 4
B l a n k e n b o u r g
18 7 17 16· 8 11 10 9 3 12 16
p a y s d e B r u n s
23 17 22 elle dira 7 5 15 9 8 17
w i k à M o r d i
23 17 12 15 20 20 de conserver 14 7
w i n o f f. l a

4 7 16 11 24 11   pour la lui envoyer par
c a s e tt e
partie suivant 16 11 16 10 11 16 15 17 12 16
              s e s b e s o i n   s
de conserver les effets (*de Trieste*) et le suppliera
de faire (*agir l'Empereur et le roi d'Espagne*).
Elle demandera (*à Ulloa à Turin des lettres pour
del Campo à Paris*). Première enveloppe sous
son nom. Deuxième (*à Lascasas, à..... à Hambourg*, pour qu'il fasse agir (*à Madrid* et envoie
des lettres pour *del Campo*). Elle écrira..... c'est-
à-dire elle enverra lettre pour..... Il faudra, je
crois, envoyer un exprès de..... pour éviter les
embarras..... A Paris, ma femme peut s'adresser pour moi (*à Imbert Colomez*)..... de la part
de..... *Madern*.

« Elle cherchera Mme (*de Rivière*). On sait où
elle loge (*maison de Suède, rue de Tournon*). En
passant à Bellinzona, elle peut y voir (*l'abbé de
L'Arène*) qui lui donnera l'adresse..... La dame
est un peu enthousiaste et ardente. Ma femme
saura que j'ai (*des tantes et une mère à Montpellier*). Mmes (*Foucaud Daxat*), Mme (*de Viennois,
ma sœur, est à Grenoble*).

« Elle leur écrira et réclamera leurs secours,
si elle a besoin d'argent, je m'oblige à les rem-
bourser, aussitôt que je serai libre de recevoir
ce que (*Mordiwinoff*) a à moi.

« Ma femme recevra tous les papiers qu'a le

curé qui nous a mariés, le 29 décembre 1790 ;
elle aura soin avant tout de lui en faire prendre
une copie légale sur ses registres publics, avec
toutes les formalités requises pour constater
notre mariage et l'état de notre fils.

« Milan, 25 août 1797.

« LE COMTE D'ANTRAIGUES[1]. »

Enfin, au milieu de cette comédie de soins
donnés à son mari malade, la Saint-Huberty
recevait l'avis que d'Antraigues avait passé la
frontière, qu'elle n'avait pas donné en vain les
10,000 livres retirées de la vente de ses diamants, la dernière ressource que, plus tard, le
comte et la comtesse disaient leur rester dans
le moment. Dans sa joie, après être disparue à
son tour de la maison, elle écrivait, le 30 août,
au marquis d'Andresli, chez lequel elle logeait,
cette lettre :

« Monsieur le marquis, j'ai l'honneur de vous
prévenir qu'ayant obtenu notre liberté, à la condition que nous nous éloignerions « incognito »
de Milan, nous avons heureusement réussi à
nous mettre, nous et nos effets, en sûreté, sans
que personne s'en soit douté. Ainsi, monsieur

1. Papiers manuscrits de la Saint-Huberty, collection de
Goncourt. — Sur cette lettre, une copie de l'original, où le
copiste, qui semble le comte d'Antraigues lui-même, s'est
fatigué de copier le chiffre, le commencement a été déchiffré
par la Saint-Huberty.

le marquis, j'ai l'honneur de vous remercier de toutes les attentions que vous avez eues pour nous, pendant la durée de la captivité de mon mari et de notre demeure chez vous. Je vous fais parvenir par la présente les clefs de vos appartements qui, je crois, sont en l'état où nous les avons trouvés, et où vous trouverez le linge que vous avez eu la bonté de nous prêter.

« COMTESSE D'ANTRAIGUES[1]. »

LIV

Au mois de janvier 1798, nous trouvons les deux époux installés à Gratz, d'où le comte d'Antraigues déclare officiellement son mariage, jusqu'alors resté secret. Le 9 mai 1800, « en considération des services que lui a rendus depuis plusieurs années et que continue à lui rendre encore dans les temps actuels très critiques, D. Louis-Alexandre de Launay, comte d'Antraigues », le roi des Deux-Siciles confère au comte et à son fils l'ordre royal de Constantin et une pension, en attendant une commanderie. Le 16 juin 1804, la comtesse d'Antraigues reçoit de l'empereur d'Autriche le brevet qui confirme en des termes flatteurs une pension précédemment obtenue.

1. *Journal de Paris*, 9 octobre 1797.

Sa Majesté l'Empereur-Roi a très gracieuse-
ment résolu que la pension viagère de mille ducats en espèces, ci-devant accordée à Mme Anne-
Antoinette Clavel de Saint-Huberty, comtesse
d'Antraigues, en mémoire des services par elle
rendus à feu Sa Majesté la reine Marie-Antoinette de France, en qualité de sur-intendante
de la musique de cette auguste princesse, soit
assignée pour l'avenir sur la caisse de la chan-
cellerie de cour et d'État et payée par icelle par
trimestre, à commencer de la date de la présente
sur quittance signée par ladite dame ou par
son époux, voulant Sa Majesté que cette pension
ne soit sujette à aucune exception, saisie ni
retenue.

Signé : COLLOREDO.

Ce brevet vient trouver le ménage à Dresde,
où le comte d'Antraigues, nommé l'année précédente conseiller d'État par l'empereur
Alexandre, est en train de remplir une mission
secrète, correspondant avec la Suède, avec le
ministre Alopeus à Londres, travaillant à la
coalition de l'Europe contre l'empereur Napoléon 1er. Le comte et la comtesse d'Antraigues
semblent passer à Dresde la plus grande partie
de l'année 1804, toute l'année 1805 et les premiers mois de l'année 1806. Au mois de septembre de cette année, chassés par les victoires

de l'empereur de ce continent européen qui ne leur offre plus un asile sûr, ils quittent l'Allemagne et s'établissent en Angleterre.

LV

Le comte et la comtesse d'Antraigues vivaient dans une riche aisance[1] près de Londres, à Barnes-Terrace, en un joli cottage. Ils avaient

1. Une aisance faite de pensions, mais sans capitaux sérieux. Sur la fortune de la Saint-Huberty, voici une note curieuse rédigée par le jeune d'Antraigues, lors de son procès avec Mme Géniès, la sœur de la Saint-Huberty, contestant au jeune comte la légitimité de sa naissance et réclamant la succession de la chanteuse :

« Et d'où veut-on que Mme d'Entraigues ait acquis des propriétés?

Elle étoit artiste.

Rien de sa famille.

Elle ne commença à économiser qu'en 1780 au plus tard.

Elle ne parut plus sur le théâtre après 1787 ou 1788.

Elle dépensa beaucoup pour son frère mort aux isles, et pour *sa sœur*.

Elle acheta Groslay peu avant la Révolution, de ses deniers, quoi qu'en dise la calomnie de M. Géniès. *Elle l'a payée*, j'en ai la preuve. (Les lettres publiées dans ce volume donnent un démenti à l'assertion du fils.)

Elle plaça 80,000 francs en 1787 chez le duc d'Orléans.

Si elle avait possédé des capitaux d'autre part, eût-elle placé 80,000 francs à *fonds perdu?*

Elle partit en 1790. Que put-elle emporter? quelques misérables diamants!

Son mari n'avoit rien, il n'eut aucun traitement de longtemps, il falloit vivre.

Pour le faire sortir de prison, il fallut jeter de l'argent de tout côté : je leur ai souvent entendu dire qu'à la sortie de Milan ils n'avoient rien ni l'un ni l'autre.

Veut-on qu'elle ait économisé sur la modique pension que

une voiture, un cocher, un valet de pied, un
domestique sans livrée ; deux filles de chambre
étaient attachées au service de la comtesse. Le
comte était en relation avec les ministres anglais, la comtesse était reçue par la haute aris-
tocratie, où elle se faisait parfois encore entendre. A leur porte, à Barnes-Terrace, était une
aimable voisine, Mme Cox, chez laquelle le jeune
d'Antraigues semblait s'être épris d'une jeune
fille, nommée Mlle La Touche. La vie du vieux
ménage semblait réunir toutes les conditions du
bonheur.

lui faisoit mon père, et dont deux fois par an j'étois le porteur.

Qu'elle ait gagné de l'argent ? elle n'a jamais professé. Mon
père l'eut-il permis ?

Lui suppose-t-on d'autres moyens, il faudroit être bien bas.

Il ne reste donc de sa succession car (Groslay est vendu)
que la créance sur Mgr le duc d'Orléans.

C'est donc le seul objet sur lequel il y ait lieu de traiter. »

Dans une autre pièce toujours relative à la même affaire,
le jeune d'Entraigues, parlant de la fortune de sa mère au
moment de la Révolution, accuse encore une somme de
24,000 francs, à elle due par un nommé Potel, et qui lui fut
remboursée d'une *manière quelconque* en 1790 ou au commencement de 1791.

Enfin, dans une autre pièce, il déclare qu'il n'a fait aucun
acte pour se constituer héritier de feu sa mère, attendu que
ladite dame n'a laissé aucun héritage ni succession d'aucun
genre, et le peu d'effets qu'elle aurait pu avoir, ayant disparu par le *pillage* qui eut lieu dans la maison de campagne
dans laquelle elle fut assassinée avec son dit époux. (*Papiers
manuscrits.*)

De ce pillage est sans doute venu, est peut-être tombé aux
quais de Paris, ce *livre-bibelot* possédé par Jules Claretie :
Traité de la mesure musicale par Jules Bonesi, chez l'auteur,
rue de la Lune, n° 20 (1806) ; — un volume relié en maro-
quin vert, portant sur le plat cette inscription : *Pour madame
d'Entraigues.*

Mais cette domination indestructible de Napoléon, mais les espérances, les ambitions, les rêves, ajournés chaque année, et toujours reculant devant le vieux politique, le désespéraient parfois de s'être fait le champion de la monarchie! Puis dans cette diplomatie occulte, dans ces métiers d'ombre qu'il avait un peu faits dans tous les pays, dans cette cuisine de complots, d'achats de consciences, de machinations louches dont il avait été le scribe ténébreux, n'avait-il pas un peu laissé de la gentilhommerie de sa conscience, et ne souffrait-il pas du vide qu'avaient fait autour de lui ses compatriotes, les hommes mêmes de son parti?

On connaît la phrase d'une lettre du baron Bertrand de Molleville : « Avant que l'infamie de la conduite du comte m'eût déterminé à cesser de le voir...[1] ». Enfin dans son intérieur, maintenant que la passion était morte entre les deux amants, d'Antraigues rencontrait des aspérités de caractère, des violences de caprices,

---

1. Dans cette lettre au comte de La Châtre, datée de Feltham Hilt, le 25 juillet 1812, trois jours après l'assassinat du comte d'Antraigues, Bertrand de Molleville apprend au comte de Provence qu'il y a à Barnes-Terrace des papiers confiés par Louis XVI à Malesherbes, depuis passés entre les mains de Mme Blondel, son amie. « des papiers à faire dresser les cheveux sur la tête, lorsqu'ils seront connus, et avec lesquels le comte se proposait *d'attaquer le Roi corps à corps, quand le moment seroit venu.* » (Lettre passée le 20 avril 1877, à la vente de Benjamin Fillon.)

une domination despotique[1] prédite dans une lettre de sa mère. Et chez le vieil exilé s'amassait lentement un noir chagrin mêlé d'une espèce de terreur enfantine de sa femme.

LVI

Le premier jour de sa vingt-deuxième année d'exil, par une de ces grises et spleenétiques matinées de l'Angleterre, au mois de janvier, le vieux d'Antraigues, le bonheur de son foyer domestique perdu, ses ambitions politiques à vau-l'eau, l'esprit affaibli, hanté par les idées de persécution et les terreurs d'espionnage qui habitent une cervelle de maniaque, écrivait ce soliloque désespéré, qui est à la fois la formelle condamnation de son mariage et de toute la conduite politique de sa vie.

« 1er de l'an 1812, à huit heures du matin, dans ma chambre, à Londres, ayant pris médecine à 6 heures, je commence cette année en

---

1. Dans une ancienne lettre, la Saint-Huberty se défend de donner des avis à d'Antraigues sur ses affaires, dit qu'elle ne veut pas être accusée de domination, et ajoute : *C'est un défaut dont tout le monde m'accuse ainsi que toi de vouloir primer : on a raison. Depuis que je suis au monde, je n'ai jamais éprouvé de contradiction ; tout a cédé à mes moindres désirs, ils ont été toujours prévenus, enfin j'ai été toujours l'enfant gâté de la nature.* (Catalogue d'autographes de Soleinne, 1843.)

versant des pleurs. C'est ainsi à peu près que je les ai toutes finies depuis 1790. (29 décembre.)

« L'objet paroît fort au-dessous d'un homme qui a quelque célébrité comme écrivain et quelque réputation comme politique. Mais c'est qu'il y a sous ma poitrine un cœur de chair, que je suis de chair et d'os, et ne vois pas trop de différence entre un homme et un autre homme qu'on afflige et qui pleure. C'est le spectacle que j'ai eu à mon réveil et que me procure ma femme, en me forçant, bien malgré moi, à renvoyer Frédéric Driderici, sous le prétexte de fautes dont je me suis plaint, et qui sont de vraies misères que je lui aurois pardonnées, mais par la raison réelle de torts envers elle qu'il n'a pas, et de fautes qu'il n'a jamais commises, en portant, dit-elle, de ses nouvelles à cette créature, — car je le renvoie. — Il entre en ce moment le laquais de ma femme avec du thé que je renvoie.

« Je disois donc que je le renvoie bien malgré moi, que je fais une injustice, mais je ne puis le croire coupable; je suis mené et ne peux pas résister aux persécutions.

« Voilà mes étrennes et le commencement de l'année 1812.

« Pour Driderici, je lui donne 2 L. à l'insu de ma femme, et un bon certificat, et la promesse de l'assister ; c'est tout ce que je puis faire dans ma position et je l'ai fait.

« A présent je vois placé près de moi un espion, le fils de Mme Friquet, que l'on ne me donne que pour m'épier ainsi que Jules à son retour.

« Cela m'est égal, qu'il m'espionne tant qu'il voudra, peut-être lui devrai-je mon repos par le compte qu'il en rendra.

« Voilà Driderici qui revient de chez Mme Cox. Le malheureux fond en larmes, je l'ai prié de partir à l'instant, et je l'entends qui fait son paquet.

« Il me dit que Mme Friquet lui avoit nui pour placer son fils. Je n'en sais rien, mais je pense que c'est un espion que ma femme place auprès de moi, que je chasserai sûrement, s'il fait enfin le maître du logis.

« Je ne puis croire que je voie 1813 sans me séparer de ma femme, à moins que Dieu ne daigne m'accorder la grâce de mourir ou me donne une patience surnaturelle.

« Le ton qu'elle a pris depuis six mois est si rude, si violent, si injurieux, que si j'ai fait une grande faute en l'épousant, sans la permission de ma sainte mère, j'en suis cruellement châtié.

« Elle a de grandes qualités, très belles, très rares, mais son caractère est insupportable et me rend la vie bien amère et mon intérieur plus cruel que le tombeau où on me laissera au moins en paix.

« Je prévois le retour de mon ami et fils Jules avec effroi. Il sera une nouvelle cause de malheur pour lui et moi, par la tyrannie qu'elle prétendra exercer sur lui comme s'il avait six ans. Il ne pourra le souffrir et pour celui-là, je le défendrai et jure devant Dieu de le défendre et ne le jamais abandonner, quoi qu'il puisse en arriver.

« Ma mère me l'avoit prédit, quand elle m'écrivoit de Montpellier, le 7 janvier 1798 : « Vous avez commis une grande faute, mon cher fils, en vous mariant sans ma permission, je vous la pardonne de toute la sincérité et tendresse de mon cœur, mais je dois vous le dire : Préparez-vous à la résignation, à la patience, votre femme a des qualités rares. Elle vient de le prouver à Milan, mais je crois qu'elle a un caractère insupportable, et vous êtes celui qui lui convenoit le moins, avec votre caractère ennemi de l'autorité et de cette tyrannie, je vous le prédis, vous serez très malheureux. Et n'oubliez jamais que quand on a fait ce que vous avez fait en l'épousant, il faut s'y tenir et mourir sous la chaîne qu'on s'est imposée. »

« En cet état de choses, je ne prends aucun pronostic.

« Je me borne à demander à Dieu la résignation, la force, les ressources, la grâce d'être bon catholique, celle de protéger mon fils, de conserver ma femme et de mourir sans souffrir, mais en ayant le temps de me préparer.

« Je le supplie de ne pas me réduire à la misère et de me conserver ce qu'il m'a accordé et que j'ai bien gagné près de ces misérables rois que j'ai dû servir et que j'ai eu le malheur de servir.

« D'Antraigues. »

D'après d'autres morceaux de papier où se confesse la pensée du mari de la Saint-Huberty, il est indubitable qu'un commencement de ramollissement du cerveau existait depuis quelques années chez le comte.

Voici une de ses confessions datée de janvier 1806 : « Je déclare que je l'aime de tout mon cœur, que je la veux voir heureuse — laisse-moi guérir et tu riras toute la journée — fais ce que tu voudras, mais excuse-moi, chacun a ses défauts, je n'ai pas celui de nier le bien que tu me fais. »

Une autre feuille de papier porte ce griffonnage : « Aujourd'hui 1er mai 1811, à neuf heures du soir, ma femme étant allée avec Jules passer la soirée chez Mme Cox de Barnes, où se trouvera Mlle La Touche dont j'ai peur que Jules ne soit épris, le temps étant pluvieux, triste et moi

plus accablé, plus triste, que le temps, après deux
heures de réflexions muettes sur le passé dont je
frémis, sur le présent qui m'accable, sur l'avenir
qui m'épouvante pendant ma vie et après ma
mort, après avoir lu seul quelques lettres de
ma sainte mère, qui m'ont brisé le cœur de regret
et de remords, ayant retardé jusqu'ici les *invo-
cances* que depuis tant d'années je prends
dans la Bible, je me résous à les prendre à présent.

« Serai-je assez heureux pour conserver femme
et Jules?

« Oui!

« Vivrai-je jusqu'en 1812, 1ᵉʳ janvier?

« Non!

« Serai-je content des ministres et de ma fortune?

« Oui! »

Et il dit plus loin avoir tiré toutes ses réponses
dans la *Genèse*, trouvant un *oui* avant la lettre M,
un *non* après cette lettre.

LVII

Le comte et la comtesse d'Antraigues, devant
aller à Londres le 22 juillet 1812, avaient la
veille, donné l'ordre, à leur équipage d'être devant la porte de leur habitation à huit heures du

matin. La comtesse était déjà sur le pas de la porte prête à monter en voiture; le comte, un peu en retard, descendait l'escalier, quand un domestique que le ménage avait depuis trois mois et qui devait être renvoyé le lendemain [1],

1. Cet assassinat mystérieux, sur lequel la lumière ne sera peut-être jamais faite, donna lieu à beaucoup de suppositions, de conjectures, de commentaires. On lit dans la *Biographie universelle et portative* que les relations du comte d'Antraigues, en Angleterre, avec le ministre Canning avaient éveillé, en 1812, l'attention de la police impériale, et que le domestique infidèle qui livrait les dépêches de l'agent royaliste au gouvernement français, au moment d'être découvert, avait, dans un moment de désespoir furieux, assassiné ses maîtres et mis fin à sa vie. D'après les détails que j'ai donnés sur l'intérieur de d'Antraigues à Barnes-Terrace, sur le service difficile de l'ancienne chanteuse, sur l'antagonisme des serviteurs appartenant à Monsieur, à Madame, je crois qu'il est plus vraisemblable d'attribuer ce tragique assassinat suivi du suicide de l'assassin à une vengeance italienne de domestique. Le jury, sur l'enquête du coroner, rendait un verdict qui établissait que Lawrence avait assassiné le comte et la comtesse, et s'était tué étant sain d'esprit.

Henry Céard me communique un article publié par Peltier, dans l'*Ambigu* du 20 juillet 1812. Le récit de l'assassinat qu'il dit publier d'après l'enquête du coroner, diffère par quelques détails de l'assassinat, raconté d'après les documents que j'ai en ma possession Voici l'article de Peltier : « Tandis qu'ils se disposaient à monter (dans la voiture), le domestique, qui avait médité de les assassiner, tira d'abord dans le passage un coup de pistolet à la comtesse et manqua son coup. Aussitôt il lui donna un coup de poignard dans le sein droit et elle tomba dans la rue devant sa porte. Peu d'instants après le comte fut frappé d'un autre coup de poignard qui pénétra de cinq pouces dans l'épaule. L'assassin monta ensuite dans la chambre de son maître et s'y brûla la cervelle d'un coup de pistolet. Le comte eut la force de remonter dans sa chambre, après avoir été frappé, il s'étendit sur son lit et expira au bout de quinze minutes. La comtesse mourut presque sur-le-champ. Ils laissent un fils unique âgé de 18 à 20 ans qui étudie la loi dans les environs de Manchester. Rien encore ne peut faire soupçonner le motif qui a porté l'assassin à cette extrémité qui fait frémir la nature. Tout ce qu'on sait de lui, c'est qu'il avait déserté, il

un Piémontais, nommé Lorenzo, appelé là-bas
Lawrence, débouchait brusquement par la ter-
rasse et tirait au comte un coup de pistolet qui
lui effleurait les cheveux. Le comte, étourdi un
moment, se mettait à la poursuite de l'assassin,
qui, dans la fumée du pistolet, venait de passer
rapidement devant lui, était monté dans la
chambre de son maître, avait détaché d'une
panoplie un poignard et un pistolet, et redes-
cendait l'escalier, une arme dans chaque main.
Arrivé près du comte, Lorenzo lui plongeait le
poignard jusqu'à la garde dans l'épaule gauche,
puis courant à la porte où se trouvait la comtesse,
et housculant les deux filles de chambre restées
dans le corridor, il poignardait la Saint-Huberty
avec le poignard encore tout chaud du sang de
son mari.

Dans la lâche peur de toute la domesticité
frappée d'effroi, Lorenzo, toujours poursuivi

y a un an, de l'armée française en Espagne. Le comte et la
comtesse d'Antraigues avaient un pressentiment secret qu'ils
seraient assassinés ; le chevet de leur lit ressemblait à une
espèce d'arsenal, et c'est par un poignard, que le comte lui-
même avait rapporté de ses voyages dans le Levant, qu'il a
si affreusement péri avec son épouse. La carrière politique
et littéraire du comte et les succès dramatiques de son épouse
fourniront un jour des matériaux précieux à la biographie,
mais le moment n'est pas encore venu de s'en occuper. Tout
ce que nous pouvons dire aujourd'hui à ce sujet, c'est que
les nombreux amis de la d'Antraigues qui en font et en
publient l'éloge, et ses nombreux ennemis qui publient des
aventures scandaleuses sur son compte, s'accusent d'impos-
ture. Le temps seul dévoilera qui des uns ou des autres aura
eu raison. »

par le vieux d'Antraigues perdant son sang et pouvant à peine se soutenir, remontait dans la chambre du comte, se mettait dans la bouche le canon du pistolet qu'il avait gardé, et se faisait sauter la cervelle, pendant que l'assassiné se renversait agonisant sur son lit.

La comtesse d'Antraigues, la poitrine trouée au-dessous du sein gauche d'une blessure large de plusieurs doigts, avait chancelé, s'était écriée : « *C'est Lawrence!* » et était tombée morte devant la maison, sur la route de la porte du péage [1].

---

1. *The new annual register for the year* 1812. London, Stockdale, 1813.

Voici l'acte d'inhumation de la Saint-Huberty : « St-Pancrass. Anne-Antoinetté comtesse d'Antraigues buried july 27 th 1812, aged 52 years. The above extract was made this thirtheat day of july 1816. Withman Follofrild curate, n. 1, Grafton street (East). Tettenham-Court Road. » En marge de cet acte est écrit : « 22 et 27 juillet 1812, décès et inhumation du comte et de la comtesse d'Antraigues. »

FIN

ICONOGRAPHIE

DE

MADAME SAINT-HUBERTY

PORTRAITS A L'HUILE

PORTRAITS DESSINÉS — PASTELS

MINIATURES

Salon de 1785

58. Portrait de Madame de Saint-Huberty sous l'habit de *Didon*.

5 pieds de haut sur 4 pieds 5 p. de large, à l'huile.

C'est le grand portrait de Mme Vallayer Coster, que traite si mal le salonnier des *Mémoires secrets*, et dont les *Observations critiques sur les tableaux du Salon de l'année* 1785 disent : « Dans celui (le portrait) de Mme Saint-Huberty, je ne reconnais ni Didon de Carthage ni celle de l'Opéra. »

On ignore, je crois, ce qu'est devenu ce portrait de Madame Vallayer Coster, ainsi qu'un autre grand portrait de Trinquesse, exposé en 1785 au *Salon de la Correspondance* de La Blancherie.

« Portrait en pied de Mme Saint-Huberty dans le

rôle d'*Iphigénie en Tauride* au moment de la Tempête. »

Les nouvelles de la République des Lettres et des Arts affirment que ce portrait a été vu avec beaucoup d'intérêt, non seulement à cause des parties très bien faites de ce tableau, mais encore par l'enthousiasme si mérité du public pour cette célèbre actrice, et les *Nouvelles* ajoutent à une autre date, que le portrait de Mme Saint-Huberty présente une belle entente du clair-obscur et que la figure est de bon choix et artistement drapée.

Parmi les dessins, il existe un curieux portrait calligraphié aux encres de couleur par Bernard, un portrait *écrit à main courante*, ainsi qu'on disait au XVIIIe siècle. Ce portrait, où la Saint-Huberty est représentée dans le rôle de *Didon*, en tunique violette, une couronne sur la tête, a passé, il y a une dizaine d'années, à une vente de Vignères.

STATUETTES, BUSTES, MÉDAILLONS

M. Campardon cite un buste de la Saint-Huberty dans le rôle d'*Ariane*, fait en 1783, par Deseine, sculpteur sourd et muet, élève de Pajou[1]. J'ignore où est le buste ou s'il existe encore.

Il existe un charmant petit médaillon en cire exposé au Louvre dans la collection Sauvageot. On voit la Saint-Huberty coiffée d'un large chapeau au pompon noir sur le devant, et jeté sur une perruque

---

1. C'est le buste qu'elle parle d'envoyer à M. Grégoire l'aîné, à Aix, dans sa lettre du 18 décembre 1783.

blonde toute frisottée, et dont la queue lui bat le dos
d'une longue boucle à demi déroulée. Elle est décol-
letée dans une robe à manches courtes d'un joli gris
clair, une robe à la garniture et aux brassards de
satin blanc. C'est bien dans cette fine, délicate, spirituelle cire et les chairs, et le nez gamin, et la physionomie ingénue et mutine de la chanteuse alsacienne.

BURINS — TAILLE-DOUCE — EAUX-FORTES

Un portrait a servi de type à tous les portraits
gravés de la Saint-Huberty : c'est le profil en couleur
gravé par Janinet, d'après le portrait de Le Moine,
ce portrait au léger aquarellage, mis à la mode pour
les portraits de femmes par Augustin de Saint-Aubin.

Ce portrait avec la suscription :

Mme St-HUBERTI

De l'Académie Royale de Musique.

porte : *Le Moine del*   *Janinet sculp.*

Il est tiré des « Costumes des Grands Théâtres de
Paris ».

Le dessin original qui a servi à la gravure, je crois,
n'a jamais passé en vente.

Un autre portrait, toujours d'après le même dessin,
a été gravé en noir.

Ce portrait avec la suscription :

M^{de} St-HUBERTI

De l'Académie Royale de Musique,

porte : *Le Moine del*   *Colinet sculp.*

A Paris chez Chereau, rue des Mathurins.

Un second état, à l'adresse d'Esnaut et Rapilly, sans noms de dessinateur et de graveur.

Un autre, toujours d'après le même dessin, en contre-partie comme celui de Collinet, porte en bas :

M. St-HUBERTI

De l'Académie Royale de Musique, pensionnée du Roi
Morte à Londres 1812

Un autre, toujours d'après le même dessin, gravé au pointillé et en couleur, et sans nom de graveur porte :

Mme St-HUBERTI

De l'Académie Royale de Musique

Un autre, toujours d'après le même dessin, gravé sans nom de graveur, détestable petit portrait gravé, publié dans la « Galerie dramatique de Saint-Sauveur. »

Enfin, un dernier petit portrait de profil, ou médaillon tourné à gauche, gravé en grisaille sur fond bleu à la manière des porcelaines de Wedgwood.

Au bas est inscrit :

Me St-UBERTI (*sic*)

Paris, chez Aubert graveur, rue Saint-Jean-de-Beauvais, n° 54

Il a été également gravé au pointillé en manière de crayon rouge sur fond bistré avec au-dessous *Me St-Uberty*, mais sans l'indication du graveur et de son adresse.

Indépendamment de ces portraits, les « Costumes des Grands Théâtres » ont donné imprimés en couleur les costumes de la Saint-Huberty dans les rôles d'Iphigénie en Aulide, de Didon, de Pénélope.

Un petit portrait au physionotrace par Quenedey, récemment acheté par le cabinet des Estampes à la vente Vignères, était catalogué comme un portrait de la Saint-Huberty. Il porte au bas : *E. 46. Dess. p. Quenedey au phys. inv. par Chr.*

Dans ce portrait, qui représente la chanteuse avec la perruque frisée terminée par une sorte de catogan, et les épaules couvertes de l'ample fichu blanc à la mode pendant les premières années de la Révolution, Mme Saint-Huberty a un gros nez à forme aquiline et un œil très noir qui me font très fort douter de la vérité de l'attribution.

Dans l'énumération des portraits de la Saint-Huberty, je ne parle pas de l'estampe citée dans le paragraphe 2 relatif au physique de la femme et qui a pour titre : *La Musique ou Mlle Saint-Huberty inspirée par Apollon*, estampe portant sur les côtés de l'ovale : *Painted by Joshua Reynolds LL. sculp.*, et se vendant à Paris, rue de Gesvres, chez Isabey[1] ; je n'en parle pas par la raison bien simple, que c'est une réduction du portrait de Mme Sheridan, sous la figure allégorique de sainte Cécile, une réduction, au moment du grand succès de la chanteuse[2], de la belle

1. On en trouve des exemplaires coloriés à l'aquarelle.

2. Ce qu'il y a de curieux, c'est que dans ce portrait qui n'est pas le sien, dans cette personnification d'une sainte Cécile modernisée, il semble qu'elle se soit habituée à bien s'y voir, qu'à la fin de sa vie elle prend le nom de Cécile qui n'est pas sur son acte de naissance. Et ce nom, lors de sa

gravure intitulée : Sainte Cecilia, *painted by sir
Joshua Reynolds. Engraved. by W. Dickinson.*
London published, may 21 1776., by Dickinson, Hen-
rietta Street, Covent Gardent.

Comme reproduction moderne, il n'y a, je crois,
d'intéressant que la gravure du petit médaillon en
cire de Sauvageot, gravé sans nom de graveur, et
portant sur la planche où elle figure avec deux ou
trois autres : *Musée du Louvre, collection Sauvageot.*

radiation de la liste des émigrés, amène des difficultés au
sujet de la rentrée en possession des fonds de sa propriété de
Groslay, *le receveur des domaines nationaux d'Émile (Groslay)*
se retranchant derrière ce nom de Cécile, inscrit par son
prédécesseur le citoyen Lecanu sur son *sommier*, — ce nom
qui n'était pas adjoint sur son acte de naissance aux noms
d'Anne et d'Antoinette.

POSTFACE

I

Sous *le titre* « *La Saint-Huberty et l'Opéra au* xviiiᵉ siècle, d'après les papiers de famille de la chanteuse et des documents inédits tirés des Archives Nationales et des Archives de l'Opéra », du 17 mai au 8 novembre de la même année, le supplément du journal le *Globe,* en dix-sept numéros souvent séparés par de longs intervalles, insérait le premier état de *l'étude réimprimée ici* par les soins de l'Académie Goncourt. Cet état comprenait quarante-trois chapitres.

Au mois de février 1880, M. Edmond de Goncourt *rédigeait la préface, diminuait le titre réduit à :* « La Saint-Huberty, d'après sa correspondance et ses papiers de famille », retouchait et augmentait son ouvrage. Il avait quarante-neuf chapitres quand, avec des encadrements dessinés par Gallandre et gravés par Meaulle, un frontispice gravé par Lalauze représentant la Saint-Huberty chantant et s'accompagnant au clavecin ; une tête de page et un cul-de-lampe gravés par Henriot ; le fac-similé d'une lettre autographe reproduite par Auguste Bry dans un in-16 de 263 pages, sorti de l'imprimerie Quantin, le 23 janvier 1882, il était publié par la librairie Dentu. Dans la Bibliographie de la France, il figure sous le n° 1155, et cette mention le suit : « Tirage à petit nombre, plus cent exemplaires sur papier de Hollande et quelques exemplaires sur papier de Chine ; titre rouge et noir ».

En 1885, le 22 octobre, M. Edmond de Goncourt publiait une nouvelle édition décrite comme suit par la « Bibliographie de la France ». N° 11,300 « Les Actrices du dix-huitième siècle. Mme Saint-Huberty d'après ses mémoires et sa correspondance, par Edmond de Goncourt, in-18 jésus, VIII-319 pages, imprimerie Chamerot, librairie Charpentier, 3 fr. 50. Il a été tiré 50 exemplaires sur papier de Hollande à 7 francs. Bibliothèque Charpentier. »

Cette édition de 1885, avec son titre encore une fois changé, car « la Saint-Huberty » est devenu « Madame Saint-Huberty », diffère sensiblement de l'édition mise en vente dans l'année 1882. Les encadrements frontispices, têtes de pages, culs-de-lampes, fac-simile, ont disparu. Le texte, par-ci par-là, a subi des remaniements ; des bouts de phrases ont été supprimés, des dates ont été rectifiées. Les paragraphes plus heureusement distribués sont devenus moins longs, plus agréables à l'œil.

Des notes jadis mises au bas des pages, ou reléguées dans un appendice, ont été réunies avec les chapitres auxquels elles servaient de référence. En outre, l'iconographie de la chanteuse parue autrefois parmi les pages de la première édition, maintenant établie dans un ordre chronologique, se trouve à la fin du volume. De plus, le nombre des chapitres s'est accru. Il était de quarante-neuf en 1882 ; en 1885 il atteint le chiffre de cinquante-sept.

II

L'histoire de la Saint-Huberty se divise en deux parties : une partie artistique et musicale, relative à ses débuts, à ses succès, à ses tournées en province, à sa mésentente avec son premier mari, ses querelles avec l'administration de l'Opéra; une autre partie, politique celle-là, car la cantatrice fut mêlée aux intrigues de son nouvel époux le comte d'Antraigues, pendant l'émigration, agent des princes à l'étranger.

Cette période tourmentée, M. Edmond de Goncourt la soupçonna plus qu'il ne la connut, et M. Léonce Pingaud, auteur d'un livre intitulé : « Un agent secret sous la Révolution et l'Empire, » in-8° Paris, Plon, 1893, en même temps qu'il citait M. de Goncourt, écrivait, page 37, que, sur les points obscurs de la vie de d'Antraigues et de la Saint-Huberty, M. de Goncourt donnait des renseignements « curieux, très incomplets et parfois inexacts ».

Les deux dates de la publication du volume de M. de Goncourt, 1882, 1885 fournissent à la fois la raison et l'excuse de cette sévérité. En effet, c'est seulement en 1887 que, dans les divers dépôts d'archives, des documents nouveaux ont été ouverts à la curiosité et aux études du public.

Pour ce qui concerne la vie artistique de la Saint-Huberty, en 1882, en 1885, il ne pouvait connaître la lettre écrite par Gossec à M. de la Ferté, intendant des Menus, le 8 novembre 1786, puisque ce document fut mis au jour seulement en 1900 par M. Constant Pierre, dans son livre intitulé : « Le Conservatoire national de musique et de déclamation ». Documents historiques et administratifs. Mieux que les gazettes ou les mémoires, cette appréciation d'un maître, en quelques lignes, renseigne sur la carrière complète de la cantatrice : cette appréciation, la voici.

« La demoiselle Saint-Huberty entrée bonne musicienne, il y a huit ans à l'Opéra, ayant joué et chanté pendant nombre d'années sur tous les théâtres d'Allemagne et de Prusse, a été quatre ans mauvaise, rejetée du public, renvoyée de l'Opéra et reprise ensuite sous M. Devisme. Devenue passable à la cinquième année, bonne à la sixième, et excellente à la septième. L'Académie ne voit-elle pas Madame Saint-

Huberty courir à grands pas vers son déclin, qui la remplacera » ?

Or en 1882, en 1885, M. de Goncourt ne pouvait consulter ni les Archives des Affaires Etrangères, à Paris; ni les Archives de Cour et d'Etat à Vienne; ni les Archives du gouvernement russe à Moscou, et à Saint-Pétersbourg; ni le « Record office », ni les papiers du « British-Museum » à Londres; ni la Bibliothèque de Dijon, tous fonds inexplorés d'où M. Léonce Pingaud a tiré maintes et maintes curiosités historiques.

C'est ainsi qu'il a découvert beaucoup de particularités ignorées du rôle de d'Antraigues et de la Saint-Huberty spécialement lors de leur séjour à Venise, de leur incarcération à Milan. Nous nous servirons du livre de M. Léonce Pingaud pour ajouter à l'intérêt des chapitres cinquante et un jusqu'à cinquante-sept de l'étude entreprise par M. de Goncourt. Qui sait, du reste, si M. de Goncourt, dans une nouvelle édition de la Saint-Huberty, n'aurait point profité des trouvailles et des aperçus de M. Pingaud ?

III

Considérons d'Antraigues au moment où il réside à Venise, et voyons quelle est sa condition. Elle apparaît clairement dans une lettre publiée par le *Moniteur Universel*, reproduisant une des cinq pièces prouvant la conspiration royaliste contre laquelle les Cinq Cents instruisaient en fructidor 1797. Louis XVIII alors à Vérone, écrivait à l'abbé Bretier et au chevalier Duborne de Presto :

« Je suis fort aise, Messieurs, que les circonstances, en vous mettant à portée de rendre votre zèle de plus en plus utile à mon service, me donnent aussi le moyen de vous prouver davantage ma confiance. M. d'Antraigues la partage avec vous : j'approuve qu'il continue à être le canal de votre correspondance avec moi. Il conservera vos originaux et vous pouvez être tranquilles sur l'usage que je ferai de votre correspondance ».

D'où vient donc l'autorité de d'Antraigues sur Louis XVIII, autorité si grande qu'il sert de « canal » à la correspondance du prince et va jusqu'à se donner le titre de « Ministre du Régent »? M. Léonce Pingaud attribue cette puissance à la possession de documents secrets venus de M. de Malesherbes défenseur de Louis XVI. Parmi ces documents, se trouvaient, paraît-il, « des lettres attestant que le comte de Provence avait, dans l'intérêt de ses ambitions cachées, desservi, peut-être trahi même la cause royale représentée par son frère. On voit d'ici l'avantage que d'Antraigues pouvait en tirer à l'occasion contre le prince devenu Roi. (*Pingaud, chapitre III, page* 138.)

Hypothèses à part, la grande nouveauté du volume de M. Pingaud est d'avoir fait connaître la rencontre et les tractations de d'Antraigues avec Bonaparte, rencontre et tractations dont, faute de moyens d'informations, M. Edmond de Goncourt ne pouvait donner les raisons politiques, révéler les machiavéliques péripéties.

Pourquoi d'Antraigues, par précaution attaché à l'ambassade de Russie, au mépris de l'immunité diplomatique, est-il menacé d'arrestation, quand le 12 mai 1797 l'armée française occupe la Ville de Venise? Parce que d'Antraigues, en Italie, était un agent très actif de la coalition européenne des royalistes contre le Directoire.

Il avait entrepris de soudoyer et d'embaucher pour le service du Roi les généraux commandant les troupes républicaines. L'année précédente, en 1796, sur les ordres de la Vauguyon, il tentait de s'aboucher avec Pichegru. A cet effet il employait un certain Mongaillard, la fleur des drôles, et Fauche-Borel, homme de toutes les diplomaties clandestines.

Après s'être assuré l'appui de Pichegru, il se flattait *d'obtenir aussi le concours de Bonaparte, le vainqueur d'Arcole*. Bonaparte n'ignorait rien des menées de d'Antraigues. Il savait que Mongaillard, détenteur des secrets et des preuves de la *« conspiration royale »*, avait confié à d'Antraigues les conditions des marchés acceptés par Pichegru.

A condition de recevoir en paiement, le cordon rouge, le château de Chambord et son parc, douze pièces de canon enlevées aux Autrichiens, un million d'argent comptant, dont cent mille livres de rentes reversibles par moitié à sa femme, et à ses enfants, jusqu'à extinction de sa race, le général se déclarait prêt à risquer un coup d'État en faveur de Louis XVIII. Il demandait en outre que la ville d'Arbois, sa patrie, prît le nom de Pichegru et, pendant quinze ans, fût exempte de tout impôt. Il discutait *seulement sur les moyens d'opérer efficacement sa* trahison.

D'après le récit de Montgaillard, d'Antraigues avait *rédigé les détails de l'entrevue, les propositions* faites et point refusées. Donc, pour Bonaparte, deux mesures s'imposaient; l'arrestation de d'Antraigues et la saisie des papiers du conjuré. Dès l'approche des Français en marche vers Venise, d'Antraigues pressentit le danger. Il réussit à faire passer à la légation d'Autriche une caisse contenant les pièces les plus importantes de ses archives et garda seulement trois portefeuilles ne renfermant rien, disait-il, rien, sinon des ouvrages littéraires et les éléments de ses travaux quotidiens. Inquiet quand même, le 15 mai, trois jours après *l'entrée des troupes de* Bonaparte à Venise, il part avec la suite de l'ambassadeur russe, gagne Trieste.

Là, il est arrêté par Bernadotte. En vain il se réclame de ses quasi-fonctions à l'ambassade de Russie; en vain le ministre de Russie intervient en faveur de son soi-disant fonctionnaire. Bernadotte répond : « Pour ce qui est de l'arrestation de M. d'Antraigues, elle est faite d'ordre de mon gouvernement. » D'Antraigues *est bientôt informé que, de Trieste, il sera transféré à Milan.* En attendant, la police militaire pratiqua des fouilles dans les bagages du prisonnier.

Moins-surveillée que le comte, la Saint-Huberty dérobe adroitement aux investigations des enquêteurs les trois portefeuilles emportés par son mari. Elle en détruit deux. Le troisième qu'elle estime sans importance est saisi, ouvert, et l'on y trouve quoi ? Les feuillets, où, de la main de d'Antraigues, sont longuement relatés les pourparlers de Montgaillard avec Pichegru.

Bonaparte pressentait le coup d'État préparé à *Paris, pour renverser le Directoire. Il voulait tenir* entre ses mains les pièces établissant le projet d'attentat, les complicités, *méditait de perdre Pichegru* en se donnant les apparences de sauver la République. Aussi, dès que d'Antraigues, sous bonne escorte, arrive à Milan, au lieu de l'envoyer à Paris, ou, plus simplement, de le traduire devant une *commission militaire, il ne dédaigne pas de le faire venir* à Monbello, sa résidence, et lui dit :

« J'ai ouvert votre portefeuille parce que cela m'a plu. Les armées ne connaissent pas les formes d'un tribunal. Je pourrais, s'il me convenait, vous traduire devant un conseil de guerre comme embaucheur de mon armée, et me débarrasser de vous. Tenez, signez ces papiers extraits de votre portefeuille. Je vous le conseille. »

Bonaparte contraint ainsi d'Antraigues à prendre la responsabilité des intrigues comme des propos de *Montgaillard. Ensuite, il envoie au Directoire les* preuves de l'entente de Pichegru avec les royalistes ; les textes ont été insérés dans le vingt-huitième volume de la réimpression du « Moniteur universel. » Un rapport de police reproduit dans « Paris sous le Directoire » de M. Aulard, à la date du 26 novembre 1797, signale : « Les déclarations de M. d'Antraigues ont fait fortune dans beaucoup de salons. »

Dès lors, Bonaparte se montre sans rigueur envers le prisonnier, auquel par astuce et intimidation, il a arraché des aveux graves, des témoignages compromettants. Désormais, dans la citadelle de Milan, d'Antraigues sorti du cachot n° 10, occupera un local plus vaste où il habitera avec sa femme et son fils. Bien plus, il provoque, et peut-être il permet, les visites que Mᵐᵉ Saint-Huberty fait à Joséphine, les requêtes que la cantatrice présente en faveur de son mari.

Car d'Antraigues échappe aux lois sur les émigrés : il n'a pas porté les armes contre la France. Attaché officiellement à l'ambassade de Russie, il ne saurait être considéré comme espion : donc il demande sa mise en liberté. A cet effet, il rédige un mémoire auquel Bonaparte répond : « Allez vous faire f... si vous écrivez encore, je vous f... au cachot, dans la citadelle. »

D'Antraigues trouve le moyen de faire parvenir ses réclamations à Boissy d'Anglas, D'où grande colère de Bonaparte. Voyant entrer la Saint-Huberty dans le salon de Joséphine, Bonaparte s'emporte contre d'Antraigues, « ce scélérat, ce coquin qui récompense ses bontés en le dénonçant, qui ose parler de loi et justice au milieu d'une armée »; et s'adressant à Mᵐᵉ d'Antraigues il ajoute : « Peut-être, demain, à dix heures, votre mari sortira de prison, et je vous l'enverrai, à onze, avec dix balles dans le ventre. »

En cette menaçante occurrence, la cantatrice dont Ginguené vantait les terribles jeux de scène muets, trouva des paroles, du pathétique ne venant plus de la musique. Elle justifia aussi l'opinion de Mᵐᵉ Roland qui l'ayant vue à Lyon, lors d'une tournée théâtrale, le 5 mai 1784, écrivait à son mari : « Elle a des bras dont elle tire grand parti pour l'effet et l'expression. » Tragiquement, elle jeta son jeune fils devant Bonaparte en disant : « Pourquoi ne joindriez-vous pas cet enfant à son père : n'est-il pas mûr pour cette boucherie ? Quant à moi je vous conseille de me faire fusiller, car je vous assassinerai partout où je passerai. »

Mᵐᵉ Bonaparte entend l'algarade, intervient,

entraîne dans une chambre voisine la Saint-Huberty qui s'exaspère et crie : « Vous m'aviez dit Robespierre mort, Madame, le voilà ressuscité : il a soif de notre sang. Il fera bien de le répandre, car je vais à Paris, et j'obtiendrai justice. » Bonaparte, inquiet, donna des ordres sévères, empêcha la Saint-Huberty de quitter Milan, intercepta la correspondance du mari et de la femme.

Restait cependant une difficulté; que faire de d'Antraigues? A ce sujet, les conseils de Paris n'envoyaient aucun ordre. D'autre part, il devenait inutile de garder sous les verrous un homme arrivé au bout de ses délations. Pour n'engager ni la responsabilité du gouvernement, ni la sienne, Bonaparte imagina de faire évader d'Antraigues. Joséphine prévint la Saint-Huberty : personne ne gênerait les préparatifs de départ et le ménage fuirait sans être poursuivi.

D'après les arrangements convenus, Mme d'Antraigues répand le bruit que son mari devenu malade ne peut plus sortir de la chambre; et, le 29 août 1797, elle revêt le prisonnier d'une soutanelle de prêtre, le coiffe d'une perruque d'ecclésiastique. Figure barbouillée de suie, barbe longue et postiche, lunettes sur le nez, d'Antraigues trompe aisément la surveillance de gardiens apostés pour le laisser passer. Avec sa femme déguisée en paysanne et portant un panier plein de légumes, il s'en va.

Tous deux, discrètement protégés, gagnent Bellinzonna, cependant que Mme Bonaparte feint de beaucoup s'étonner. Quoi donc? elle n'a pas vu Mme d'Antraigues qui pourtant, disait-elle, l'avait prévenue de sa visite pour ce jour-là ! Elle était loin Mme d'Antraigues, et c'est sans doute en raison de cette aventure, en souvenir de ses relations et de sa complicité avec la chanteuse que, en 1804, Joséphine, devenue impératrice, proposa d'attacher la Saint-Huberty au personnel musical de la nouvelle cour.

IV

Après l'aventure tragi-comique de Venise, en 1797, l'assassinat de la Saint-Huberty et son mari en 1812, mérite quelques explications et appelle quelques notes supplémentaires.

M. Edmond de Goncourt a transcrit le récit du double meurtre tel que ce récit fut inséré, dans *l'Ambigu* de Peltier, journal publié à Londres. Pour ne pas rester surpris de voir Peltier annoncer le 20 juillet un événement arrivé deux jours plus tard, le 22 juillet, il faut remarquer que *l'Ambigu*, recueil périodique, paraissait tous les dix jours, le 10, le 20 et le 30 de chaque mois.

Très certainement le numéro du 20 était prêt à être envoyé aux abonnés quand Peltier retarda le départ du fascicule, et, dans une feuille ajoutée, imprima l'article nécrologique sur le comte et la comtesse d'Antraigues. La nouvelle de leur mort causait une grande émotion parmi le public. En bon journaliste, le directeur de *l'Ambigu* ne rejeta pas jusqu'au numéro du 30 juillet un fait divers d'une si puissante actualité.

Ni M. Pingaud, ni M. de Goncourt n'ont signalé l'étrangeté de la table du *Moniteur universel*, et l'espèce de soin que les rédacteurs de ce journal ont pris de rendre difficiles les recherches sur le drame de d'Antraigues et de Saint-Huberty.

En 1812, cherchez au nom de d'Antraigues : point de mention. Point de mention non plus au nom de Saint-Huberty. C'est après le nom « Saint-Hubert » qu'on lit : « Comtesse d'Antraigues assassinée avec son époux par son domestique. » Ensuite, aucune référence, aucun renvoi à une page quelconque. Il faut feuilleter le journal pour découvrir dans le numéro du 5 août 1812, entre une correspondance de Rio-Janeiro et l'avis de la suspension de paiement de la maison Kensington, Styan et Adam, neuf lignes où il est dit :

« Le comte et la comtesse d'Antraigues ont été assassinés dans une maison de Barnesa (*sic*), au comté de Sussex, par un de leurs domestiques piémontais nommé Lorenzo, qui s'est ensuite tué lui-même. Le comte n'a survécu que vingt minutes au coup mortel. La comtesse, frappée d'un coup de poignard sous le sein gauche, a cessé de vivre cinq minutes avant son mari. Ils étaient âgés l'un et l'autre d'environ soixante ans. »

Le 8 août, le même « Moniteur universel » revient sur cette information et imprime : « Quelques doutes se sont élevés sur la sincérité du feu comte d'Antraigues. On a apposé la saisie sur ses papiers par ordre du gouvernement, son procureur a allégué que le comte ayant été naturalisé, ses papiers devaient être respectés, à moins qu'il n'y ait de grands motifs de soupçons. Il a, en conséquence, croisé les sceaux jusqu'à l'arrivée du fils du comte attendu incessamment. »

Personne n'a jamais déterminé avec précision pourquoi la sincérité de d'Antraigues semblait si suspecte ; personne non plus, relevant le mot « naturalisé » ne s'est avisé de savoir à quelle nation d'Antraigues avait choisi d'appartenir alors que, s'il faut en croire le journal, il renonçait à sa qualité de Français. »

V

M. Léonce Pingaud, analysant le récit d'un abbé Péricard, récit conservé aux Archives nationales sous la cote F 7,6433, a donné une version détaillée de l'assassinat, mais voici une déposition dont il s'est contenté d'indiquer l'origine. Elle figure au « Moniteur universel », numéro du 16 août 1812, et contient des particularités inédites sur la préparation et l'accomplissement du crime. Je cite :

« On s'entretient toujours de la fin sinistre de M. et Mme d'Antraigues. Au moment où ils ont été assassinés, il étaient à Barne, village situé à quelques kilomètres de Londres. Le 22 juillet, à huit heures du matin, ils se disposaient à venir à Londres, et leur voiture les attendait.

« Mme d'Antraigues, devenue Mme Saint-Huberty, première actrice du grand Opéra de Paris, arriva la première près de la porte et appela le domestique nommé Lorenzo pour ouvrir la voiture. Son mari ayant mis ses papiers dans son chapeau descendit l'escalier. Dans ce moment, Lorenzo tira un coup de pistolet sur son maître, à six pas de distance et le manqua. La balle passa entre lui et son épouse.

« Les circonstances qui ont suivi le coup de pistolet ont été rapportées diversement. Le cocher, qui était sur le siège de la voiture, devant la maison, en a été le principal et presque le seul témoin. Voici ce qu'il a déposé devant le magistrat qui a fait faire la visite des cadavres.

« David Hebditch, cocher, a déposé ce qui suit : Il avait reçu de Lorenzo l'ordre de tenir la voiture prête le 22 juillet, pour huit heures moins cinq minutes. Il était à la porte avec sa voiture avant huit heures. Aussitôt qu'il y a été arrivé, Lorenzo est venu à la voiture, a ouvert la portière, a mis dans la voiture une bouteille de fer-blanc remplie d'huile, est rentré dans la maison, et peu après est revenu.

« Mme d'Antraigues est descendue, et comme elle allait à la voiture, Lorenzo est entré dans la maison. On a entendu un coup de pistolet. Elle a demandé ce que c'était, et il a répondu que cela provenait de l'intérieur de la maison.

« Quelques minutes après, étant assis sur son siège, devant la porte de la maison, il a vu Lorenzo descendre l'escalier et frapper le comte à l'épaule avec un instrument tranchant qu'il crut être un poignard.

Il a vu le poignard entrer dans l'épaule. Il est promptement descendu de son siège, et il allait vers son maître, lorsque Mme d'Antraigues est passée devant lui allant vers la voiture.

« Comme il se disposait à la suivre, il l'a vue chanceler et tomber en s'écriant : « c'est Lorenzo, c'est Lorenzo ! » Il a vu du sang sur elle et à terre. Lorenzo a disparu, mais environ trois minutes après, il a entendu un autre coup de pistolet qui semblait provenir du haut de l'escalier. Immédiatement après, M. d'Antraigues est venu à la porte. Du sang coulait de la manche gauche de son habit. Le témoin l'a laissé là pour secourir Mme d'Antraigues.

« Un chirurgien étant arrivé, et ayant ordonné qu'on la déshabillât, il est sorti de l'appartement pour retourner auprès de son mari. Il l'a trouvé penché sur son lit, ayant les pieds à terre. Il était encore vivant, mais il n'a pas parlé. Au même instant, le déposant a vu Lorenzo étendu mort sur le plancher.

« M. King, chirurgien, est alors entré, a fait déshabiller d'Antraigues ; il a aidé à le faire et l'a soutenu pendant qu'on lavait sa plaie avec une éponge et de l'eau. Il s'est ensuite retiré et a ramené la voiture à Londres. Lorenzo lui a paru être de sang-froid, il lui a parlé avec beaucoup de précision lorsqu'il lui a donné des ordres, et son aspect ne paraissait nullement dérangé. »

« Le Moniteur universel » ajoute : « Le jury a déclaré que Lorenzo avait tué M. et Mme d'Antraigues et qu'il avait ensuite commis un suicide ayant toute sa raison. Le gouvernement s'est emparé des papiers de M. d'Antraigues. (« Moniteur universel », 15 août 1812. Page 97.)

Les raisons de cette grande tuerie, aujourd'hui encore, demeurent incompréhensibles. Les ministres anglais ont-ils fait disparaître un négociateur clandestin dont ils redoutaient la mauvaise foi, les indiscrétions ? N'avons-nous pas vu, tout à l'heure, dans le Moniteur du 6 Août 1812, combien « de doutes

s'élevaient sur la sincérité de M. d'Antraigues »,
doutes si graves que le gouvernement, par précaution,
s'emparait plus tard des papiers du défunt?

Faut-il voir dans l'assassin Lorenzo, déserteur de
l'armée française, en Espagne, un agent de la police
impériale? Mais comment concevoir Napoléon commandant de supprimer, en Angleterre, un personnage
que, à Venise, il épargnait, alors qu'il pouvait aisément l'envoyer au poteau d'exécution?

Lorenzo avait-il pour mission de soustraire les dossiers de d'Antraigues, et se sentant surveillé, tremblant d'être découvert, afin d'échapper aux repré-
sailles n'a-t-il pas tué le maître qu'il trahissait, et
par peur des interrogatoires, ne s'est-il pas tué à son
tour?

En ces affaires d'espionnage et de politique, tout
est vraisemblable; mais les suppositions, bonnes pour
expliquer la mort de d'Antraigues, n'expliquent pas la
mort de la Saint-Huberty. Il faut chercher des causes
platement domestiques.

Retenons, au chapitre LVI du livre de M. Edmond
de Goncourt, le passage où M. d'Antraigues se plaint
des violences et des caprices de caractère d'une
femme au naturel vulgaire qu'il se repent douloureu-
sement d'avoir épousée. Maintenant, regrettant sa voix
perdue, aigrie par les déceptions, fatiguée par l'exil,
la Saint-Huberty ne possède plus assez de beauté pour
se faire pardonner cette humeur chicanière, tracas-
sante, qui, à l'opéra, jadis, la rendait insupportable.

Le ménage menait une vie de discussions et de querelles, car au commencement de 1812, d'Antraigues
écrit : « Je ne puis croire que je voie 1813 sans me séparer de ma femme; le ton qu'elle a pris depuis six
mois est si rude, si violent que si j'ai fait une grande
faute en l'épousant, j'en suis cruellement puni. Son
caractère insupportable me rend la vie bien amère;
et mon intérieur est plus cruel que le tombeau où on
me laissera au moins en paix. »

En outre d'Antraigues se lamente sur le départ d'un domestique favori du nom de Driderici : « Un homme qui s'afflige et qui pleure, dit-il, voilà le spectacle que j'ai eu à mon réveil et que me procure ma femme en me forçant à renvoyer Frédéric Driderici. Je le renvoie bien malgré moi ; je fais une injustice, mais je suis mené et je ne peux pas résister aux persécutions. »

Or, au chapitre LVII, M. de Goncourt, d'après des documents non contestés, parle de l'assassin Lorenzo comme d' « un domestique que le ménage avait depuis trois mois et qui devait être renvoyé le lendemain ». Alors, sans complication de police et de mélodrame, le mystère s'éclaircit. Lorenzo moins docile que Driderici n'accepte pas de bon cœur l'annonce de son congé ; il s'exaspère, et par vengeance, massacre tout ensemble et la femme acariâtre exigeant qu'il s'en aille, et l'homme sans volonté consentant à le laisser partir.

Ainsi, victime très vraisemblable d'un banal conflit d'antichambre, périt bourgeoisement sous le poignard d'un valet rancunier, la cantatrice de peu de voix qui, dans *Didon*, opéra sans musique, « un des plus mauvais ouvrages de Piccini », prenait de si nobles attitudes en écoutant le chœur des prêtres de Pluton l'appelant à la mort.

Henry CÉARD
de l'Académie Goncourt.

TABLE DES PARAGRAPHES

VI

XVIII

XIX

XX

XXI

XXII

XXIII

XXIV

XXV

XXVI

XXVII

XXVIII

XXIX

XXX

XXXVI

XXXVII

XXXVIII

XXXIX

XL

XLI

XLII

ÉVREUX, IMPRIMERIE CH. HÉRISSEY

Œuvres d'EDMOND et JULES de GONCOURT

Édition définitive
publiée sous la Direction de l'Académie Goncourt

Déjà parus :

Edmond et Jules de GONCOURT

Germinie Lacerteux, roman, avec postface de Gustave Geffroy, de l'Académie Goncourt.

Sophie Arnould, avec postface d'Émile Bergerat, de l'Académie Goncourt.

Sœur Philomène, roman, avec postface de Lucien Descaves, de l'Académie Goncourt.

Renée Mauperin, roman, avec postface d'Henry Céard, de l'Académie Goncourt.

Madame Gervaisais, roman, avec postface de Gustave Geffroy, de l'Académie Goncourt.

La femme au dix-huitième siècle, avec postface de J.-H. Rosny jeune, de l'Académie Goncourt (2 vol.).

Portraits intimes du dix-huitième siècle, avec postface de Jean Ajalbert, de l'Académie Goncourt (2 vol.).

Edmond de GONCOURT

La fille Élisa, roman, avec postface de Jean Ajalbert, de l'Académie Goncourt.

Chérie, roman, avec postface de J.-H. Rosny aîné, de l'Académie Goncourt.

La Guimard, avec postface de J.-H. Rosny jeune, de l'Académie Goncourt.

Hokousaï. (L'art japonais au xviii⁰ siècle), avec postface de Léon Hennique, de l'Académie Goncourt.

La Faustin, roman, avec postface de Lucien Descaves, de l'Académie Goncourt.

Les frères Zemganno, roman, avec postface de Léon Hennique, de l'Académie Goncourt.

Outamaro. (L'art japonais au xviii⁰ siècle), avec postface de J.-H. Rosny jeune, de l'Académie Goncourt.

Madame Saint-Huberty, avec postface d'Henry Céard, de l'Académie Goncourt.

Pour paraître prochainement :

Edmond et Jules de GONCOURT

Manette Salomon, roman, avec postface de Lucien Descaves, de l'Académie Goncourt.

6656. — Paris. — Imp. Hemmerlé, Petit et Cⁱᵉ. 11-24.

9 782329 177601